一番わかりやすい

はじめての
イーチンタロット

愛新覚羅 ゆうはん

日本文芸社

JN099074

はじめに

イーチンを習得することで
人生の苦難を乗り越えやすくなる

「当たるも八卦、当たらぬも八卦」

　あなたも、この言葉を、一度は見聞きしたことがあるのではないでしょうか?

　この言葉は易からきています。占いは当たることもあれば外れることもあり、陰陽・吉凶両面で成り立っていることを示します。活用するのは吉ですが、依存するのは凶なのです。当てものではなく、出た内容を参考にしながら長い人生の旅路にどう活かすかが大切です。そして占いの基礎・原点がこの「易（イーチン）」につまっています。

　しかし、易と聞くと原文が漢文であることから「難しい……」と敬遠される方も多いかもしれません。本書では難しい漢文やそれについての和訳・解説はあえてしていません。「はじめての易」を習得してみたい方向けに「極めてやさしく」書き下ろしました。

　イーチンタロットとは、易の六十四卦の教えをカードにしたものです。西洋のタロットカードと同様、偶然に引いたカードでさまざまなことを占います。大きな違いは「正位置・逆位置」が存在しないこと。ですがその代わり1枚のカードに「陰と陽」2つのストーリーが見て取れることがおもしろい点です。

良いカードが出たときは、これ以上良くならない。
悪いカードが出たときは、これ以上悪くならない。

　つまり、出た卦によってさまざまな状況・変化はありますが、「いいときこそ調子に乗らず、悪いときこそ粘って頑張れ！」と1枚にたくさんのメッセージを宿し、鼓舞してくれるのです。
　人生は山あり谷あり、谷のときこそチャンスと思ってください！

　私は普段、主に風水家相の本を執筆していますが、風水にも「易」が根づいています。八卦八方位・八宅風水などは、古書や中国の易学の本などを翻訳しながら学びを深めてきました。占いの大道と言われる風水家相の相術と易学を徹底することで、運を開き、悪い結果が出ても乗り越えられるようになります。

　そして易には大きく3つの思想が根づいています。
「天（自然）＋地（社会）＋人（人文）」です。つまり易を知ればすべてを制するといってもいいでしょう。リーディングを深めていけば、イーチンタロットの的中率も上がっていきます。「帝王学」の1つでもある易を学ぶことは、易学を習得し悩みや不安を解消する術を身につけることにつながります。より良い方向へと導かれたい、もしくは悩める人々を導きたい方は、ぜひ「はじめてのイーチンタロット」を活用し、ヒントを得てください。

　　　　　　　　　　　愛新覚羅ゆうはん

第4章
イーチンタロットの占い方

第5章
実践！イーチンタロット・リーディング

第6章
知れば知るほどおもしろい易の世界

Contents

本書の特長

人生は選択の連続！ イーチンタロットは 具体的かつ現実的なことを占うのに適しています

🌹 よく当たる！

🌹 正逆が存在しないシンプルさ

🌹 単純な並べ方で簡単に占える

🌹 現実的なヒントを得られる

🌹 現状を知って未来に活かせる

🌹 易の思想を理解すると人生が楽になる

　本書でご紹介する「イーチンタロット」は、東洋思想に基づく「易」を使いやすいようにカードにしたものです。本来、易は筮竹やコインなどを用いて「卦」を立てますが、このイーチンタロットでは六十四卦のカードをシャッフルしてめくるだけで、本格的な易と同じように占うことができるのです。

　本書で易を学ぶと、六十四卦の意味をイメージしやすくなります。また「陰陽」という易ならではの思想を解釈に盛り込んでいるため、中庸

の精神や栄枯盛衰の思想など、易の人生訓が身体に染みつきやすくなります。つまり易を理解し、学び、体現するための最良のツールが「イーチンタロット」。マスターすれば、あらゆる場面であなたを支えてくれるでしょう。

特長 1 本書オリジナル「トレーニングイーチンタロット」が付属

本書には八卦の組み合わせが視覚的にわかりやすいトレーニングイーチンタロットがついています。六十四卦の意味も覚えやすいデザインで易の習得に非常に適しています。慣れてきたら好きな市販のイーチンタロットで占ってみてもいいでしょう。

🌹 切り離すときは……

巻末に付属の「トレーニングイーチンタロット」を本書から切り離す際は、カットも神聖な儀ですから、心身を整えてから行いましょう。刃物は金属なので、太陽が出ている昼間の時間帯に行うのがおすすめです。

🌹 占う前に……

「トレーニングイーチンタロット」を切り取ったら、まずはすべてのカード1枚1枚を眺めてみましょう。八卦の図柄を見てどんな印象をもちましたか？　まずはカードの意味を考えすぎずに占ってみましょう。

特長 2 シャッフル法やプロのリーディングがわかる！SPECIAL動画

イーチンタロットは普通のタロットとはどう違うの？　プロはカードからどのように意味を引き出している？　著者自ら実演したSPECIAL動画をご用意しています。イーチンタロットを実際に使っているところを動画で見る機会は非常に貴重なので、ぜひ勉強の一助にしてください。

動画はこちらの
QRコードから
アクセスしてください

占い用のカードいろいろ

今、占いができるカードにはたくさんの種類があります。
カードによって、見える世界やキーワードもがらりと変わる!

　タロット、オラクル、ルーン、ルノルマン……占いで使われるカードは多種多様です。タロットカードである程度のストーリーを読み、オラクルカードでメッセージをもらうなど、複合的にカードを組み合わせて使う人もいます。

　本書でご紹介するイーチンタロットは、タロットにおけるウェイト版のように全世界共通の決定版というものは存在せず、易の占い師がオリジナルで出版しているものが主です。カードだけでなくサイコロも一緒に使って鑑定できるセットもあります。

　つまりイーチンタロットは、これからの未来あるカードということです。本書のトレーニングカードを使って基本を習得したのち、そうしたカードを購入してさらにイーチンの世界に慣れていってください。もちろん本書のトレーニングカードをさらに使いやすい本格カードとして出版できるのが一番です!

　1つだけ気をつけたいのは、どのカードにも著作権が存在するということです。SNSに投稿したり、商用利用する際は発売元、製造元の許諾が必要です。

第 1 章

「易」って
何ですか？

イーチンタロットの原点である「易」とはどのようなものなのか、
占うために必要なエッセンスを紹介します。

東洋の占いには
どういうものがあるの?

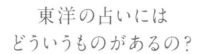

　あなたが「占いたい」という衝動にかられるのは、やはり「未来を知りたい」と思うときが大半ではないでしょうか?

　占いは、古代中国で始まった亀の甲羅や鹿の骨などを使った占い法、太占（ふとまに）が原点と言われています。そこから大きく2つの占術に分かれていきます。東洋文化圏で発展した占いと、西洋文化圏で発展した占いです。

東洋占術	西洋占術
易占い／四柱推命／宿曜占星術／風水家相／手相人相／紫微斗数／気学 など	西洋占星術（星占い）／タロット／数秘術／ルーン／手相 など

　東洋占術は中国で発祥・発展してきた占いで、ほぼすべてのベースに「陰陽思想」があり、そしてのちに出てくる「五行思想」と習合します。さまざまな源流や流派がありますが、根本原理は変わりません。そして中国の占いは「二元論」という、良いか悪いかの吉凶判定が主流です。

陰と陽は、日と月、男と女、火と水、冷と熱、光と闇、白と黒……のように相反しながらも、互いに中庸の状態を目指して変動を繰り返す性質をもっています。そして「易経{きょう}」にはこの陰と陽の

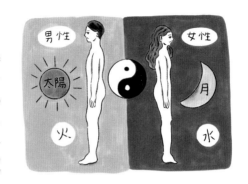

宇宙創世、地球・人類のストーリーが刻まれています。占いの原点とも言える易は儒教や仏教はもちろん、神道、キリスト教と国外の信仰にも影響を与えていますし、中国では医学、建築学、現代物理学、現代遺伝学とも非常に深い関係があります。

　そして東洋占術には「天の摂理、地の原理、人の心理」という天地人の教えがつまっています。そして、「はじめに」でもお伝えしたように「**天（自然）＋地（社会）＋人（人文）**」を結びつける思想が東洋占術の特徴とも言えます。

易はいつ、
どのようにして生まれたの？

　東洋で数ある占いのなかでも、本書では「易（イーチン）」を題材にしています。実は、易は占いとしてだけの側面をもつものではありません。

　そもそも周の時代（紀元前1027年頃〜紀元前256年頃）に発達した儒教の経典が「易経」です。周時代に生まれたことから「周易」とも呼ばれます。この周易は卜（占い）の経典で、現在につながる原型ができたのは、おおよそ紀元前8世紀頃と言われています。「易経」は、「易＝六十四卦そのもの」、「経＝六十四卦のもつ意味・思想が説明されている卦辞」で構成されています。

　現在の易経の形に至るまでは多くの偉人の力がありましたが、主に発祥から易経の発展に携わった人物が3人います。

　まず、古代中国神話に出てくる「伏羲と女媧」の伏羲が易（八卦）の提唱者であるという説です。実際に易学の書物に著者として伏羲が仮託されています。この2人は兄妹であり、大洪水が起きたときに生き延び、それが人類の始祖となったという伝説が残っています。

　この神話から、易は「天変地異」を予期し占うことにも使われていたことがわかります。易は、古代中国の皇帝や帝王が台風・

洪水・地震・津波など、私たちの力ではあらがえない自然災害から国民を守るために活用してきた「帝王学」の1つでもあります。易は古代中国の神話から誕生した立派な経典なのです。

　その後、周文王が「六十四卦」と「卦辞」を、そして易を愛した孔子がさらに「十翼」と言われる易の「象伝」や「説卦」を記して、集大成・決定版となったと言われています。

　ただしこれは通説・伝説であり、断定はできません。

また「易」という文字の発祥については諸説あります

- 🌹 「易」の上の「日（陽）」と下の「月（陰）」で構成されている「日月」説
- 🌹 トカゲ（カメレオン）の形状や身体の色を自由自在に変えるさまを表している説
- 🌹 「日をあおいで〇〇する勿かれ」の「日」と「勿」の組み合わせ説
- 🌹 易の古字は空を飛ぶ鳥から形成された説

　どれも興味深い説ですが、「易」の文字は人や胎児にも見えてきませんか？　「日」が頭で、「勿」が手足です。人生を昇っていく、成長する、常に高みを目指す、あきらめないさまが見えてきます。

　また「言うは易し」という言葉のように、人生はひと言で言いがたく、運命とはそんな易く簡単なものではないとも感じます。もちろん「易しい」とも言いますから、意外と難しくなく、実は簡単なことだったという側面もあるかもしれません。

　やはり「易」には陰陽両面が宿っているということでしょう。

そもそも易って
どういう占いなの？

易には、大きく分けて2つの側面があります。

| 占いの易 | 象数易：卦の象形や数理から法則を読み解く |
| 哲学思想の易 | 義理易：哲学思想を優位とする |

　易は儒教の経典でもありますから、人間が生きやすくなるための
ヒントが説かれています。易には本文と、その解説があり、そのな
かで繰り返し出てくる「元いに亨る」という言葉は、物事を成就さ
せるために乗り越えなければならない難があり、それを乗り越えれ
ば成就することを伝えています。

　私たちの人生の道のりは「苦難」のほうが多いものの、苦難が多
いということは同じくらい「快楽」も得られるということです。

　占いには五術という分類法がありますが、そのうちの三術【命・
卜・相】が主です。命は生年月日から占うもの、相は手相や人相な
ど、そのものの姿形から占うものです。

　易は「卜」に該当します。卜占はそのときに偶然に出た事象を占
うことですから、現代の占い道具の筮竹、サイコロ、カード類はす
べて卜占となります。

　さらに「宇宙・万物・天地・自然」や「国家・政治・社会・時勢」

を占うことと、「個人のこと」を占うのでは視点が違います。

　なかでも自然の法則のなかに自分をおいて「俯瞰」してみるのが易です。私たちを形成している原点には宇宙、地球、自然があり、そして、関わる人や環境があります。どれが欠けても「自分」は成り立ちません。

易経の教えには共通したテーマが３つあります

矛盾	繰り返す	栄枯盛衰

矛盾	生きていれば不条理で不公平なことも多く、自分と比べる人や物にあふれています。この矛盾が悩みや不安を生成するのです。そして易はこの矛盾の乗り越え方を説いています。
繰り返す	易の繋辞伝に「子曰く、変化の道を知る者は、それ神の為す所を知るか」とあります。これは、物事は常に変化することを示しています。つまり、陰陽の変化は「運命は繰り返す」ことを伝えているのです。
栄枯盛衰	ずっと良い、ずっと悪いということはなく、万物は流転するということです。

　そしてもっとも重要なのは「陰陽は等しい」ということです。陰陽、どちらが良い・悪いではなく、両方を経験することで中庸を知るということを伝えているのです（詳細はP.134）。

　本書の解説もこうした思想を盛り込んでいます。そのため、１枚のカードに陰陽両方の側面をもたせる構成にしました。

易の卦の「棒」はいったい 何を表しているの？

易はどういう世界観に基づいているのでしょう？

　宇宙の誕生をイメージしてみてください。宇宙の根源の空間（無・混沌とした世界＝太極）から、相反するものがぶつかり、交わり、ビッグバンを起こし、「天（陽）」「地（陰）」を宿した地球が生まれます。地球は水の惑星ですが、その地中奥深くには高熱のマントルがあります。つまり「火」と「水」で成り立っています。

　地球ができたら男と女（陽と陰）が誕生します。男と女が夫婦となり交われば、子どもができます。子孫繁栄すれば「国」ができます。国ができれば「王」が登場します。王と家来という上と下（陽と陰）の関係性が構築されて組織ができていきます。

　こうした陰陽の考え方が、易のベースにあります。

　それを表したのが、易で使用する棒のようなシンボルです。これは爻と言います。一本線の場合は「陽」を、途中で切れて二本に分かれている場合は「陰」を表します。ここまでの天地創造の話を図にすると右ページのようになります。

太極 ➡	陰陽 ➡	四象（太陰・太陽・少陰・少陽）
➡ 四象が分かれて八卦		➡ 八卦が分かれて六十四卦

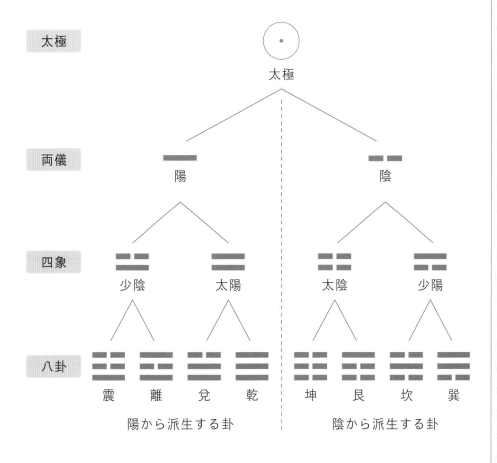

| 太極 | | | |

陰と陽が交わった状態（太極）から始まり、そこから陰と陽に分かれます（両儀）。それぞれがさらに陰陽の2つに分かれ（四象）、さらに陰と陽に分かれて爻を3本ずつ使ってできる八種類の組み合わせになります（八卦）。陽から派生した卦と陰から派生した卦、これを2つずつ組み合わせ、八卦×八卦の合計六十四卦ができあがります。この卦1つずつに教えがあり、それによって易占いができるのです。

易経六十四卦をカードにしたのが
イーチンタロット！

　ここまでご紹介してきた易は、本来は筮竹やサイコロ、算木、コインなどを使って占うことが多いですが、本書は西洋のタロットのように、はじめての方でも易に親しみ、簡単に占えるカードにしました。

　英語で易経のことを「イーチン（I-Ching）」と発音することから、「易タロット＝イーチンタロット」という名称にしています。中国では「Yi-Jing（イージン）」と発音しますが、英語の「Easy（イージー）」と発音が近いことからも「易しい（やさしい）」という意味も含まれているように感じますね。

　西洋のタロットカードは大アルカナ・小アルカナで構成されていますが、イーチンタロットは64枚すべてが大アルカナとイメージをしてください。1枚1枚、強いメッセージ性をもちます。西洋のタロットは「愚者」の旅から始まり「世界」で完成を迎えますが、イーチンタロットも似ているところがあります。主人公はもちろんあなたですが、始まりの卦が「乾為天」で龍神がシンボル。
　あなた自身を乾為天の「龍」にたとえ、「龍の一生」をこの六十四卦の物語で説いているとイメージしてみてください。もしくは龍神があなたを導いてくれていると捉えてもいいですね。東洋の魅力・神秘・哲学が宿ったオリエンタルなカード、東洋タロットカードと

して、あなたの占いツールに仲間入りさせてみてください。

イーチンタロットに向いているのは、どんな人でしょう？

- 🌸 タロットカードやオラクルカードなどのカード占いが好き
- 🌸 古代中国の思想に興味があり学びたい
- 🌸 東洋版のタロットとしてイーチンタロットを習得したい
- 🌸 易を勉強したけれど奥が深すぎて挫折した
- 🌸 絵柄や自然物からリーディングをしたい
- 🌸 筮竹や算木を使っていたけれどカードも取り入れたい

　占いのツールはたくさんありますが、カードは手軽に持ち運びができて、絵柄があることからイマジネーションを膨らませることができます。カードそれぞれに宿っている基本的な意味はありますが、どの言葉を選ぶかは、そのときの質問内容によって変化してくるもの。易はそもそも「変化」を表しますから、カード占いとはとても相性がいいのです。興味がある人だけでなく、「実は易が苦手で克服したい」という人にもお役に立てるでしょう。

　易経の思想哲学は壮大ですが、私たちの人生、生活、ありとあらゆる悩みに対応しています。相手の気持ち、意中の相手との今後、人間関係の行方、仕事の悩みなど具体的なことを知りたいときにぴったりです。

　陰陽吉凶がはっきり出やすい点から、「二択」は特にイーチンタロットの得意とするところ。どちらを選んだら最良のかを迷ったときは、ぜひ活用してください。そして、何に気をつけるべきか、どうしたらより良くなるかの対策もイーチンタロットでリーディングしてみましょう。

易は「帝王学」だった！

易は単なる占いではなく、国を統べる者が学ぶ帝王学でもあります。
易には国を統べるための世のことわりが秘められているからです。

　帝王学とは、皇帝や国王や伝統ある家系の跡継ぎに対する特別教育を指します。「占いの帝王」といえば四柱推命が有名です。

　諸説ありますが、古代中国の皇帝は「帝王」に相応しい運命の持ち主を産ませるために、四柱推命などを活用していたようです。そのため「帝王切開」の語源は四柱推命が深く関わっているとも言われています。もっともいい日に誕生させるために、人工的に切開し出産させることで生まれながらの王を誕生させ、学問はもちろん剣術、芸事、礼儀まで幅広い知識を教育し、王を継がせるのです。

　この帝王学のなかに「易学」もあります。易は国家運営にも活用されている陰陽論の原点でもありますから、それを学ぶことで物事の本質を知ることができ、自ずと指導者としての自覚がうながされます。易を通じて己を知ることができれば、本来の力を活かすことができるようになります。そして易の思想をもとに宇宙、世界、社会の本質を知れば、国造りを担えるようになるわけです。

　あなたも易を学びながら、まずは自身の運を開きましょう。そして、大切な友人や家族の運を開くお手伝いをしてあげましょう。

第 2 章

まず「八卦」を
理解する

64枚のイーチンカードの土台である
八卦について解説します。

八卦が重なり64の物語を
構築するイーチンタロット

　イーチンタロットはカードを引けばすぐに答えが出る、便利なツールですが、より深く読み解けるようになりたいなら、まず「八卦」を理解しましょう。先に解説した通り、陰陽3つの爻で成り立っています。これが基本となる8種類の「**小成八卦**」です。

〈小成八卦〉

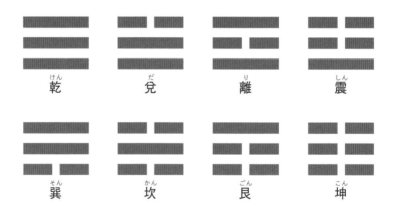

| 乾（けん） | 兌（だ） | 離（り） | 震（しん） |

| 巽（そん） | 坎（かん） | 艮（ごん） | 坤（こん） |

　八卦名の「乾、兌、離、震、巽、坎、艮、坤（けん、だ、り、しん、そん、かん、ごん、こん）」は自然現象を表しています。

　もとは以下の自然の8つのエレメント（正象）です。天地陰陽の地球で、まず私たちが体感するのは広大な【地】と、果てしない【天】です。天には太陽がありますが、ときには【雷】や【風】も生じます。【山】に降った雨が【沢】に流れ出ます。そこには【水】があり、【火】もあります。

〈小成八卦と自然界の対応〉

乾	兌	離	震	巽	坎	艮	坤
—	—	—	—	—	—	—	—
天	沢	火	雷	風	水	山	地

　これは小成八卦に対応しています。天と地、沢と山、火と水、雷と風と2つの相互作用によって私たちの生活や生命維持が行われており、不可欠なものなのです。つまり、私たちの人生は、八卦が表すこの宇宙・地球に生かされていることがわかります。

　まずは「けん、だ、り、しん、そん、かん、ごん、こん」を覚え、さらに8つの自然物と融合していることを覚えるといいでしょう。
　「けんてん、だたく、りか、しんらい、そんふう、かんすい、ごんさん、こんち」と組み合わせて覚えるのもおすすめです。

　また八卦は、方位、季節、身体、動物、五行、色、味などのシンボルとも関係してきます。次のページから、八卦の基本的な意味、そして象意について解説していきます。象意とは、卦それぞれの形の意味を自然現象やシンボルにかたどったもの。ですが、これはあくまでも目安であることを念頭においてください。

乾（天）
けん

象意	大きい／高い／丸い／固い／広い／尊い／陽気
人物	父／神職／仙人／皇帝／社長／官僚／目上の人／経営者
人体部位	頭（脳）／顔／首／心臓／肺／骨
物象	宝石や貴金属／鉱物／高価なもの／秋の果物／乗り物
場所	お城／官庁／神社仏閣／高級ホテル／銀行
方位・季節	北西／晩秋から初冬
色・味	白／金／辛味
動物	馬
五行	金

「天」に向かって上昇していく陽卦です。天にある陽といえば「太陽」です。太陽は地球上の生物にとって必要不可欠で、恵みのパワーをもたらしてくれます。植物の光合成や、私たちの食物を支えています。

兌（沢）
だ

象意	小さい／喜び／楽しむ／贅沢／飲食／会話／不足／陰気
人物	少女／若い女性／若い男女／女優／キャリアウーマン
人体部位	口／歯／肺／胸部
物象	金銭／刃物／楽器／夕陽
場所	沢（川）／水たまり／井戸／飲食店／披露宴会場／銀行
方位・季節	西／初秋から秋
色・味	白／金／橙（黄金）／辛味
動物	羊
五行	金

「沢」は陽卦に穴が空いて陰卦となり、陽に支えられていることから、池や湖にたまった水を示します。水は豊かさや喜びをもたらします。陽気だけでは干上がってしまうため、陰気を加えると穏やかに。

離(火) り

象意	光／明るい／美しい／輝く／移り気／離別／くっつく
人物	中年女性／美人／著名人／モデル／警官／裁判官／医者
人体部位	目／耳／心臓／頭部／血液／精神
物象	海藻／酒／眼鏡／本／絵画／写真／装飾品／化粧品
場所	デパート／美術館／図書館／消防署／役所
方位・季節	南／夏
色・味	赤／桃／苦味
動物	雉
五行	火

「火」はゆらゆらとついたり消えたりするものです。卦の形は2つの陽の間で燃え上がっている様子です。内に秘めた野心や情熱、心眼をもって物事の行方を見極めることを示します。

震(雷) しん

象意	音／驚き／地震／スピード／うるさい／幼い
人物	長男／青年／兄／歌手／声優／アナウンサー
人体部位	肝臓／神経／のど・声帯／足
物象	楽器や警報など音の出るもの／パソコン／花火
場所	騒がしいところ／ライブ・コンサート
方位・季節	東／春
色・味	青／緑／酸味
動物	龍
五行	木

「雷」は2つの陰卦の下に陽があります。天から地を打ち抜く勢いで落ち奮い立たせます。静寂を押し破る大きな音で変化を知らせます。天、沢、火のパワーが集結したものが雷で恵みの雨をもたらします。

巽（風）
（そん）

「風」は雷によって卦の天地がひっくり返ったもの。四方八方に風が吹き荒れ陽気を散らしています。風は留まることはなく臨機応変に変容します。でも、そこには気の迷いや移り気という不安定さも。

象意	長い／通信／コミュニケーション／信用／情報／迷い／癒やし
人物	長女／専業主婦／旅行者／商人／外交官
人体部位	腸／気管支／呼吸器／生殖器／髪／血管／神経
物象	靴／扇／羽／ネックレス／香水／線香
場所	線路／港／森／飛行場／ラーメン店／遠方（旅行先）
方位・季節	南東／春から初夏
色・味	青／緑／酸味
動物	鶏
五行	木

坎（水）
（かん）

「水」といえば地球は水の惑星です。「火」とは逆に、中央の陽を陰卦で包む形は土が欠けている状態です。穴が開けば落ちてしまいます。「坎」の性質は困難や障害に陥ってしまうことを示します。

象意	万物の始まり／透明／冷たい／暗い／困難／悩む／神秘
人物	中年男性／水商売／占い師／波乱万丈の人／苦労人／作家
人体部位	生殖器／腎臓／膀胱・泌尿器／耳
物象	水／液体／酒／海産物／アロマ／蝋燭／船
場所	水に関するところ／書店／地下室／病院／寝室／洞窟／夜景の美しいところ
方位・季節	北／冬
色・味	白／黒／塩辛味
動物	豚
五行	水

艮(山) ごん

象意	動かない／保守／貯める／障害／プライド／重なり／遅れる
人物	少年／子ども／養子／相続人／土木職人／力士／僧侶神職
人体部位	背／腰／鼻／関節
物象	不動産／家／積み重なったもの／仏壇神棚／家具／金庫
場所	山／ホテル／神社仏閣／高層ビル／丘／倉庫／タワー
方位・季節	北東／冬から初春
色・味	黄／茶／甘味
動物	犬
五行	土

「山」は高くそびえ、どっしりと動きません。良く作用すれば安定をもたらし、悪く作用すればせき止めてしまいます。上に陽、下に陰卦があるため頭が堅いとも、じっと監視しているようにも見えます。

坤(地) こん

象意	大地／母性／やさしい／育成／従順／受け身／献身／温和
人物	母／妻／保育士／姑／秘書／看護師／介護士／農家／陶芸家
人体部位	乳房／脾臓／腹部／胃腸・消化器／皮膚／手
物象	陶器／民芸品／生活用品／骨董品／四角いもの／お米
場所	住宅地／田舎／故郷／下町／牧場／スーパー／墓地
方位・季節	南西／夏から晩夏
色・味	黄／茶／甘味
動物	牛
五行	土

「地」はあらゆるものを育てる大地や地面を指します。「坤」の漢字は柔軟で従順な母性や女性を表しています。「天」の恵みがあって「地」の成長につながることから、どちらが欠けても成り立ちません。

六十四卦は人生の
ステージを表している

　イーチンタロット64枚は、八卦×八卦を上下に重ねた六十四卦でできています。上を上卦・外卦と呼び、下を下卦・内卦と呼びます。

　ではその卦は何と何を組み合わせているのか？　それは卦の名前に答えがあります。

　7番「地水師」なら、上卦が「地（坤）」下卦が「水（坎）」になり、続く「師」にその卦のメッセージが込められています。

　同様に13番「天火同人」は上卦が「天（乾）」下卦が「火（離）」、「同人」がそこから導き出される卦の意味です。1番「乾為天」は上卦も下卦も「天（乾）」なので、「為」の後に「天」がついています。上下同じ卦の場合はこのパターンになります。

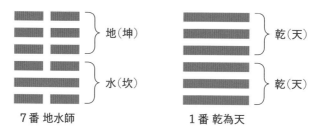

```
     地（坤）          乾（天）

     水（坎）          乾（天）

   7番 地水師        1番 乾為天
```

　本書のトレーニングイーチンタロットは、この上卦と下卦の八卦をイメージしやすい色・イラストにしていますから、その組み合わせが一目瞭然。カードを引くたびに六十四卦の名前と意味合いを体得することができます。

　こうして導き出される六十四卦には、すべて天地万物の名前がつけられており、私たちの人生を表す易は64のステージでどんなことが起こるのかを説いているのです。

〈六十四卦一覧表〉

外卦・上卦 / 内卦・下卦	乾(天)	兌(沢)	離(火)	震(雷)	巽(風)	坎(水)	艮(山)	坤(地)
乾(天)	1 乾為天	43 沢天夬	14 火天大有	34 雷天大壮	9 風天小畜	5 水天需	26 山天大畜	11 地天泰
兌(沢)	10 天沢履	58 兌為沢	38 火沢睽	54 雷沢帰妹	61 風沢中孚	60 水沢節	41 山沢損	19 地沢臨
離(火)	13 天火同人	49 沢火革	30 離為火	55 雷火豊	37 風火家人	63 水火既済	22 山火賁	36 地火明夷
震(雷)	25 天雷无妄	17 沢雷随	21 火雷噬嗑	51 震為雷	42 風雷益	3 水雷屯	27 山雷頤	24 地雷復
巽(風)	44 天風姤	28 沢風大過	50 火風鼎	32 雷風恒	57 巽為風	48 水風井	18 山風蠱	46 地風升
坎(水)	6 天水訟	47 沢水困	64 火水未済	40 雷水解	59 風水渙	29 坎為水	4 山水蒙	7 地水師
艮(山)	33 天山遯	31 沢山咸	56 火山旅	62 雷山小過	53 風山漸	39 水山蹇	52 艮為山	15 地山謙
坤(地)	12 天地否	45 沢地萃	35 火地晋	16 雷地予	20 風地観	8 水地比	23 山地剥	2 坤為地

29

特徴的な卦から
易の吉凶の発想を学ぶ

六十四卦のなかでもいくつか特徴的な卦があるので見ていきましょう。易には代表的な「難卦(なんか)」があります。しかし第1章でお伝えしたように、**凶を知って乗り越えるのが易経の世界**。以下を活用して「八卦」への理解を深めましょう。

易には四大難卦が存在する

3番「水雷屯」、29番「坎為水」、39番「水山蹇」、47番「沢水困」が、凶卦となります。注目してほしいのが、どれも「水」がつくことです。「水」は陰なので苦労や困難を表すことが多いのです。

ですが、陰（凶）は陽（吉）に転じるというのが易の基本的な考え方。四大難卦(よんだいなんか)が出てもあえていい兆しと読む、誰かを占ったなら、励ましてあげることをおすすめします。そしてそれぞれの卦に対策もあれば、陰（凶）の時期だからこそのすごし方があります。

このように、思わぬ困難に陥り低迷しているときはすごし方の対策を伝えてあげれば良いのです。逆にこの卦がでたら**「良い兆しに向かうチャンス」**でもあります。東洋思想の二元論は、陰陽の循環ですべては成り立っていることを念頭におきましょう。

3番 水雷屯

今はじっくりと準備をする時期で、待っていれば道が開ける。

29番 坎為水

1人の時間を大切にする、学問に専念するといい。

39番 水山蹇

今は進むのを止めていったん足を休める、歩み方を変えてみる。

47番 沢水困

今がもっとも底、これ以上悪くなることはなく、これから上がっていくだけ。

易の吉卦は注意が必要のサイン

1番「乾為天」、11番「地天泰」、14番「火天大有」、19番「地沢臨」、35番「火地晋」、42番「風雷益」、55番「雷火豊」、63番「水火既済」など、良い結果が書かれている卦は「**今が最高潮**」であり充実していることから、しだいに陽（吉）は陰（凶）に転じていくことを暗示しています。「完成」したものはやがて崩れ、朽ちることを意味し、破壊と再生を繰り返します。調子の良いときこそ、足をすくわれる、穴に落ちやすいので「今は充実していてとても良いけれど、〇〇が起こるかもしれないから気をつけよう」と考えてください。

易経の根本思想には「変化」が常にあることを忘れずに、良いことがあっても悪く転じることもあれば、悪いことがあっても良く転じることがあり、それらは容易に起こり得ます。良いことがあれば気を抜かずに、悪いことがあれば希望をもつことです。

完全なように見えて不完全でもある1番「乾為天」から始まり、63番「水火既済」で完成しますが、64番「火水未済」で未完成に戻ります。1番「乾為天」には、「水火既済」「火水未済」両方が備わっていると感じます。人生のなかで何をスタートとし、ゴールとするか。生まれれば死ぬことが確定していますが、精神性や魂の視点から見れば**スタートもゴールもない意識の世界**にも見えますね。

イーチンタロットにはこうした吉凶の考え方が存在します。とはいえ難しく考えなくて大丈夫。まずは64枚のカードの意味をすべて暗記するよりも、実践しながらカードを覚えていくことをおすすめします。

ひたすら毎日の運勢を1枚引き

⬇

出たカードの意味を本書で確認

⬇

出たカードに
近いすごし方を心がける

このステップを継続することで、しだいにカードを覚えていきますよ。

「はっけよい、残った！」の由来

ごくなじみのある日本語のなかにも、易の思想が含まれています。
そんなエピソードがあると、グッと身近に感じられますね。

　日本の国技である大相撲のかけ声「はっけよい」の「はっけ」は、易の八卦からきているという説があります。つまり「八卦よい」ということですね。易も上卦と下卦の組み合わせによって、六十四卦になりますが、相撲もまた2人の関取、つまり二柱（神）が互いにぶつかり合うことで勝負が決まることから、「いい八卦が出た＝八卦よい＝はっけよい」と変化したと考えられています。相撲は立派な神事であり、神道と密接な関わりがありますから、こうした由来があっても不思議ではありません。

　このほか八百万、宮中八神（八神殿）、八咫烏、八重雲、大切な三種の神器は八咫鏡、八坂瓊勾玉、そして八幡神社など、そもそも「八」という数字は神道と深い関係があります。

　中国で「八」は非常に重要で崇高な数字です。宇宙を表し、末広がりで縁起のいい吉数、「発」とピンインでは発音が似ていることから金運にいいとされてもいます。

　「発」は何かが発展する、発されるという意味ですから、誕生を意味します。まさに「易数」ですね。

第 3 章

六十四卦の
カードの意味

64通りのカード、それぞれのキーワードと
基本的な意味を説明します。

イーチンタロットの特徴
陰と陽のとらえ方

1枚のカードに陰と陽の要素が宿っている

　ここから、いよいよ六十四卦について解説していきますが、その前に重要なことをお伝えしておきます。

　イーチンタロットには**1枚のカードに陰と陽という2つの要素**が宿っています。これは、一般的なタロット占いにある正位置・逆位置の考え方とはまったく違うものです。正位置・逆位置はカードの出た向きによって意味が変わるのに対し、イーチンタロットはカードの天地は問いません。その代わり、何が出ても陰と陽、2つの要素を組み合わせてリーディングを行います。

　例えば、「転職先での自分の立ち位置を知りたい」という質問に対し「乾為天」のカードが出たとします。「乾為天」は「天に向かって昇りつめた龍」を表すことから、「人の上に立つ、昇格・昇進」という陽の要素を読み解くことができます。しかし、それと同時に「ついつい調子に乗ってしまう、見栄を張ってしまう」という陰の要素もこのカードには宿っているのです。これをふまえると「持ち前のリーダーシップを評価され、それが昇進や昇格につながることもあるだろう（陽）。ただし、手に入れた結果にあぐらをかかず調子に乗りすぎないこと（陰）」とリーディングすることができます。

　陽の要素だけを見れば前向きになれる良いカードとも言えますが、同時に陰の要素を見て調子に乗りすぎないよう対策するところまでアドバイスできるのがイーチンタロットなのです。

　とはいえ、初心者のうちは出たカードについて、陰と陽どちらの要素が強いかを判断するのは難しいかもしれません。そんなときはパッと見分ける方法として「爻」に注目してください。

　爻とは、易の卦を構成する棒のこと。イーチンタロットを構成する六十四卦はこの「爻」の６本の組み合わせからなり、棒の位置によって初爻・二爻・三爻・四爻・五爻・上爻と名前がついています。

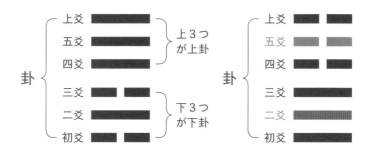

　この「爻」で簡単に吉凶を見分けることもできます。一本線の（ー）を陽爻、穴が開いている線（--）を陰爻と言います。

　易経は「中庸」をもっとも重んじることから、卦の二爻めと五爻めを「中」と言います。この二爻めと五爻めに、陰爻同士、陽爻同士が揃った場合は互いに応じていないと見なし凶と捉えます。逆に陰爻×陽爻または陽爻×陰爻の場合は互いに応じていると見なし吉と捉えます。ただし、「乾為天」や「坤為地」のように爻だけでは吉凶どちらとも言いがたい卦や、上卦・下卦の組み合わせによっては判断しにくい卦もあることから、六十四卦すべてを爻だけで判断することはできませんが着目してみてください。

六十四卦解説の読み方

陰と陽、両方の側面をあわせ持つ
イーチンタロットの基本の読み方です。

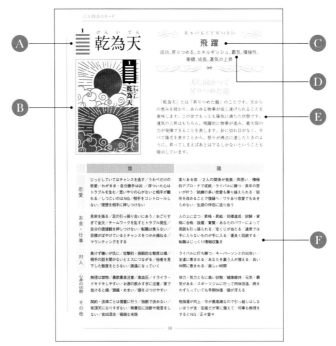

1　何のカードが出たか、Ⓐ名称と卦で確認する。

2　Ⓑ絵柄を見る。

3　Ⓒキーワードから、カードのイメージを広げる。

4　カードのⒹテーマ＋Ⓔ意味を読んで、内容を理解する。

5　出た卦から、今回の占い結果が吉凶どちらの要素が強いかを判断する
　（P34参照）。

6　Ⓕジャンル別解釈例から、より占いたいことの答えにふさわしいものを
　選び「陰」または「陽」の項目を読む。

7　慣れないうちは、良い卦の場合は「陽」の項目をメインに、「陰」の項目を
　アドバイスとして読みます。悪い卦の場合は「陰」をメインに、「陽」の項
　目を希望・指針として読みます。

イーチンタロット
リーディング
基本の手順

A カードの名前と卦

カードの名前は八卦の組み合わせによって生まれています。1文字目、2文字目が何の八卦かをチェック。その2つをかけ合わせるとどんな光景になりそうか、イメージしてみましょう。これを理解すると上達が早まります。

B カードの絵柄

本書では八卦をイラスト・色で表現しています。上卦と下卦、どういう組み合わせで成り立っている卦なのか、視覚的に理解しましょう。また絵柄もそのシンボルを描いているのでイメージのヒントにしてください。

C キーワード

占う上で特に重要なのがここ。その卦の核心をひと言で表したキーワードです。解釈や判断に迷った際は、必ずこの根幹となるキーワードに戻って来ましょう。陰陽どちらの解釈をする場合でも重要な部分です。

D カードのテーマ

核となるキーワードから派生した、バリエーションです。キーワードだけで解釈できないときは、このテーマをもとにしてイメージを広げてみましょう。

E カードの意味

そのカードがもつ本質を解説しています。キーワードだけではリーディングに限界があります。その卦がもつ物語を理解することが、解釈の幅を広げることにつながります。この部分だけまずは通しで読むだけでも勉強になるでしょう。

F ジャンル別解釈例

恋愛、お金・仕事、対人、心身の状態、その他の5つのジャンルに分けて、その卦のもつ意味を応用しています。質問に該当する部分を読むだけでなく、1つのキーワードからの言葉やイメージの広げ方の参考にしてください。

1 乾為天（けんいてん）

飛躍

成功、昇りつめる、エネルギッシュ、覇気、積極性、
剛健、成長、運気の上昇

天に向かって
昇りつめた龍

「乾為天」とは「昇りつめた龍」のことです。天からの恵みを授かり、あらゆる物事が成し遂げられることを意味します。この世でもっとも陽気に満ちた状態です。運気の上昇はもちろん、飛躍的に物事が進み、最大限の力が発揮できることを表します。卦に切れ目がなく、すべて陽爻を表すことから、怒りが沸点に達したときのように、昇ってしまえばあとは下るしかないということも暗示しています。

	陰	陽
恋愛	じっとしていてはチャンスを逃す／うわべだけの恋愛／わがまま・自分勝手は凶／浮ついた心はトラブルを生む／思いやりの心がないと相手が離れる／しつこいのはNG／相手をコントロールしない／理想を相手に押しつけない	実りある恋／2人の関係が発展／両思い／積極的アプローチで成就／ライバルに勝つ／長年の思いが叶う／試練の多い恋愛も乗り越えられる／短所を改めることで復縁へ／ワケあり恋愛でもあきらめない／生涯の伴侶に巡り会う
お金・仕事	見栄を張る／足の引っ張り合いにあう／おごりすぎて金欠／チームワークを乱すとトラブル発生／自分の価値観を押しつけない／転職は焦らない／目標がぼやけているとチャンスをつかみ損ねる／マウンティングをする	人の上に立つ／昇格・昇給／目標達成／試験・資格に合格／抜擢／賞賛／あなたのパワーによって周囲も引っ張られる／宝くじが当たる／通常では手に入らないものが手に入る／運良く回避する／転職はじっくり情報収集を
対人	負けず嫌いが仇に／攻撃的・挑戦的な態度は損／相手の話を聞かないとミスにつながる／他者を見下した態度をとらない／疎遠になっていく	ライバルに打ち勝つ／キーパーソンとの出会い／友達に恵まれる／あなたを慕う人が増える／良い仲間に恵まれる／楽しい時間
心身の状態	無理は禁物／暴飲暴食注意／高血圧／イライラ・ドキドキしやすい／お酒の飲みすぎに注意／家で怠けると損／頭痛・めまい／頭をぶつけやすい	体力・気力ともに高い状態／健康維持／元気・覇気がある／スポーツジムに行って肉体改造／病をわずらっていても早期快復／頭が冴える
その他	契約・法律ごとは慎重に行う／独断で決めない／有頂天になりすぎない／無責任に決断や発言をしない／吉凶混合／極端な末路	勉強運が向上／今が最高潮なので引っ越しはしないほうが吉／安産だが常に備えて／何事も無理をするとNG／正々堂々

2

坤為地
こんいち

受け身

素直、従順、許容、待つことで運が開く、保守、維持、
基礎固め、どっしりと構える

大地のはからいに従い
そのときを待つ

2
坤為地
Kon I Chi

　待つことで「坤（大地）」のパワーを得て、運が開かれることを意味する卦です。すべての卦に切れ目が入っていることから、陰の気、女性を指す卦でもあります。また1番「乾為天」と2番「坤為地」は表裏一体の関係にあり、「乾為天」は自らの力、「坤為地」は自身だけではなく他者や環境の力を借りて、恵みを授かることを表します。攻めよりも守りに徹し、そのときがくるのを信じて待ちましょう。

	陰	陽
恋愛	積極性を出すと相手に嫌われる／結果をすぐに求めない／曖昧模糊／友達以上恋人未満／長い片思いが続く／相手から連絡がない／火遊び厳禁／相手を強く束縛してしまうと離れていく／相手と遠距離／心の距離がある	ゆっくりと愛を育む／相手からのアプローチを待つ／低姿勢・謙虚さを心がけると気に入られる／耐え忍ぶことで成就につながる／現状維持／相手を変える前に自分が変わると吉／年長者からアドバイスをもらうと発展
お金・仕事	見通しがつかず迷いが多くなる／不安から浪費につながる／都合良く使われてだまされる／仕事を任されなくなる／内向的で真面目すぎるがゆえにチャンスを逃す／優柔不断と見なされる／お金の管理・貯金が苦手／1人で抱え込む	年長者や上司の言葉に従い行動をすると吉／努力が報われる／社会ルールを守ると吉／信頼関係を築ける／常識が大切／人に使われることで運が開く／素直に従う／ナンバー2に徹する／縁の下の力持ち／寛容な対応を／周囲の力を借りる
対人	不平不満をもらすと信頼をなくす／頑固すぎて人が離れる／ケンカが長引く／頼りない人と思われる／依存しすぎると相手に嫌われる	助っ人登場／時間をかけてゆっくりと関係性を高める／信頼できる友人／味方が現れる／偽りのない関係性／母親との関係を良好に
心身の状態	情緒不安定／いつも以上にネガティブな発想／足の冷えに注意／足のケガ・つまずきに注意／勘が冴えない／怠けやすい／ボケと老化	規則正しい生活／いいサプリメントや薬で健康維持／胃腸系の健康診断をすると吉／人間ドックを受ける／穏やかでいることが吉
その他	失敗や過ちを引きずると一向に進まない／動じずに冷静でいれば解決／自尊心が高いと運気低迷／引っ越し・転職はNG／迷いやすい	博物館や図書館に行くといい出会いがある／集中力が上がる／徳を積むことを意識して行動／家のなかですごす／子煩悩／安産／受け入れる

3 水雷屯
すいらいちゅん

我慢

生みの苦しみ、困難、頑張っても無駄、じっとする、
タイミングを待つ、抵抗しない

希望をもって じっと我慢する

　悩む、苦しむ、伸びたいけれど許されない、留まるしかないなど、行く手をはばまれる状況を示す卦です。1番「乾為天」と、2番「坤為地」の要素が交わり、生まれたのが「水雷屯」とも言えます。芽を出したいけれど、外は厚い雪に覆われていて、すぐにはそれが叶わない。それでもいずれ必ずやってくる春の雪解けを動かずにじっと我慢するのです。困難はありますが、信じて待てば物事は必ず希望する方向へ向かいます。

	陰	陽
恋愛	無理やり相手の懐に入ると嫌われる原因に／あの手この手で振り向かせようとしても失敗／苦しい恋愛／ダメ男・ダメ女に振り回される／いい相手が見つからない／告白失敗／環境が味方してくれない／既婚者に恋する／邪魔が入りやすい	まもなく運命の出会いあり／自分の内面を磨くことで次の恋愛につながる／なぜうまくいかなかったのか反省する／難が訪れたら第三者を交えて修復／マンネリ化していてもこのまま関係維持が大切／納得いくまで話し合う
お金・仕事	停滞期／無職・日雇いなど安定しない仕事／就職・転職をせまられる／孤立しやすい／思うように動けない／試される／新しい環境にすぐになじめない／評価されない／家電が壊れる／スムーズに仲直りできない／離縁／力量不足	形にならない歯がゆい状況が続く／引き継ぐ／才能・技能を高める勉強をする／財布のひもは固くしめたほうがいい時期／小銭貯金が吉／今の環境に感謝することでいいチャンスに恵まれる／新しい企画が始動する
対人	感情的になると友達から距離をおかれる／自然消滅／神経質になりやすい／相手の欠点ばかり見える／短期のつき合い／約束を破る	普段あまり話さない人と話すと吉／周囲の意見に振り回されないことで運が開ける／この時期に手を差し伸べてくれた相手を大切に
心身の状態	風邪を引きやすい／感染症に気をつける／手先の冷えには注意／防寒対策／眼精疲労／腎臓機能低下／頻尿・膀胱炎・泌尿器科の病気	寒さに強い／病の早期発見／勘が冴える／困難なことがあっても乗り越えられる／早期発見で命拾いする／集中力が高まる
その他	水難事故／思わぬ天候の変化でキャンセル／旅先で災害にみまわれる／決断を急がない／時間をかけて考える／迷走／短気は損気	1人旅がおすすめ／何事も柔軟かつ素直に対処する／スキーやスケートなどのウインターレジャー大吉／耐えることで運気が向いてくる

4 山水蒙
さんすいもう

未熟

子ども、無知、智恵不足、勉強、学び、教えを乞う、
教育、学問・稽古、今は努力が必要

良き指導者のもとで
自らを磨けば道は開く

「蒙」は善悪の分別がつかない子どもを意味し、卦の状況は暗く先が見えないことを示します。1番「乾為天」＝父、2番「坤為地」＝母、3番「水雷屯」＝赤ん坊、4番「山水蒙」＝幼児とイメージしましょう。薄暗い家のなかで生まれた幼児はまだ小さく、これから育てて伸ばしていく必要があります。今は未来が見えず障害や困難も多いですが、適切な師について教えを受けることで道が開け、成長することを意味します。

	陰	陽
恋愛	一筋縄ではいかない／今は叶わない恋／子どもっぽい態度が嫌われる／幼稚な相手／離婚・親権争い／子どものことでもめる／未熟さゆえに他人を巻き込んでしまう／相手に見捨てられる／冷却期間が必要／将来性のない2人	良きアドバイザーと出会う／積極的に行動し経験を積み重ねる／恋愛本を読む・恋愛のセミナーに参加し実践すると吉／信頼できる人からの紹介で出会う／勉強や仕事を通して出会う／師弟関係からの発展／学びの多い恋愛
お金・仕事	うまく進まない／叱られる／努力に対して結果が出ないのでくじけそうになる／知識不足／貯金が苦手／適当にやって終わらせると問題多発／上司・目上・年上の人をバカにしているとバレる／お金に苦労する／生意気と思われる	仕事の成功に関する本や学びに参加するといいヒントが／資格試験に挑戦すると吉／習い事を始める／目上の人を大切にするといい知らせあり／専門家に相談する／お金・投資の勉強を始める／年上のキーパーソンの登場
対人	家族間のトラブル／1人で悩みがち／考えてもキリがない／無邪気に放った言葉で相手を傷つける／成長を妨げることをしてしまう	親身になってくれる人が現れる／自分で解決ができないときは人の力を借りる／謙虚な姿勢で教えを乞う／あきらめない姿勢が大事
心身の状態	自己判断は禁物／持病が悪化する／早めの診察を受けて／つまずいて転びやすくなる／ぼーっとしやすい／胃腸系の病気に気をつける	若々しい／実年齢よりも若い／健康的な診断結果／親の介護や検診につきそうと吉／体力がある／スポーツジムで身体を鍛える
その他	必死に勉強したり頑張っても成果が出ない／自暴自棄になりやすい／1人行動は危険／あまのじゃくだと損をする／悪あがきをしない	普段行かない場所に出かけるとチャンスに恵まれる／失せ物がひょんなところから見つかる／誘われたら積極的に出向くと吉

5

すいてんじゅ
水天需

待つ

気長に待つ、英知を養う、待てば必ずくる、養生、
ゆったりとした心をもつ、計画を練る

焦らずゆったりとした
気持ちで待つ

「需」は待つことを示します。需要という言葉もあるように「求める」という意味もあります。ただ待つということではなく、求めることが根底になければ何を「需」とするかが定まりません。じたばたしてもしょうがないときもあります。しかし、あと少しの辛抱であなたの希望が叶うという意味です。この卦が出た場合、実力や才能は既にともなっていて、タイミング・機が熟していないだけと捉えましょう。

	陰	陽
恋愛	今は相手とご縁がない／焦ると失恋につながる／早急に2人の関係性に結果を求めると嫌われる／障害のある恋愛／相手のペースを乱す行動は凶／タイミング悪く会えない／2人の秘密がバレる／相手を疑いやすくなる	待っていれば意中の相手から必ず連絡がくる／今すぐの進展はないがまもなくやってくる／ちょっとしたいい知らせがくる／雨の日にデートをすると吉／振り向いてもらえなくてもあきらめないことが大切／運命に任せる
お金・仕事	思うように進まない／頑張っているのに結果が出ない／八つ当たりはNG／イライラが周囲にも伝わり評価が下がる／足もとを見られる／遅刻やスケジュールミス／取引先からいい返事がもらえない／集中力散漫／転職は控えるべき	将来を見すえて学びを深める／スキルアップ／転職に向けて準備／副業を始めると成功しやすい／副収入／財テクを学ぶ／正しい道を慎重に選ぶと吉／読書や芸術鑑賞に時間を費やすと仕事もはかどる／穏やかに対応すると吉
対人	孤独感／相手のいいところばかり見えてうらやましい／待ち人こず／言葉足らずで誤解を招く／取り繕うためのうそをつく／避けられる	悠然としているあなたを慕う人が出てくる／新しい分野の知識をもった人と出会う／苦手な人とつき合ってみると思わぬご縁が生まれる
心身の状態	過激な健康療法は凶／混乱／焦り／イライラ／動悸／緊張が抜けない／力の入れすぎで生じる肩こりや腰痛／走るのはNG／過剰な筋トレ	血流を良くする運動やストレッチを心がけると吉／ゆっくりと歩く／早寝早起き／空気がきれいな場所へ行く／換気を心がける
その他	無理に進めようとすると試練や苦難が待ち受けている／焦って押しかけるのはNG／バカにされ嫌な思いをする／軽い気持ちで引き受けない	決断は急がないこと／現状を維持する／希望をもちながらすごす／手放すことも大切／時間をかける姿勢／養生の意味での旅行は大吉

6

天水訟

争い

もめごと、問題、訴訟、裁判、解決できない、
和解に至らない、敵対、負けるが勝ち、認めない

争いごとや問題が
起こりやすい

　訴訟という言葉があるように「訟」は争いごとを示します。上に天があり、下に水があることから、相反する力の険しさを感じます。5番「水天需」はこの逆で、最後に需という徳のある意味合いになりましたが、「天水訟」は和を求められない状況です。あなたがどんなに正論と思っても、相手にとってはそうではない場合もあるように、この卦が出たときは気をつけなければなりません。「負けるが勝ち」という言葉がカギになるでしょう。

	陰	陽
恋愛	一筋縄ではいかないケンカ／トラブル発生／意見相違から別離につながる／離婚調停／不信感・嫌悪感／手のひらを返される／欠点を指摘される／マウント・モラハラをしやすい（されやすい）／意見が相手に通らない／価値観の不一致	温和な姿勢を保つことでケンカが収まる／あなたのほうから謝ると吉／争いをほどほどにすれば元さやに戻る／相性は悪いが互いに歩み寄れば希望はある／おつき合い・結婚の形にこだわらなければうまくいく／相手を追い詰めない
お金・仕事	不平不満が多くなる／ストライキ／転職は厳禁／仕事の放棄／休職／問題が起きて退職／横領／税務調査が入る／権利問題でもめる／軽い気持ちで始めたら大やけど／苦労しても結果が出ない／望まない異動／噂を流される	勝ち負けにこだわらず頭を下げる／意地を張らない／裁判を長引かせない／いい弁護士が見つかる／相手の不正を見つけてもとがめないで様子を見る／苦難に耐えれば問題解決へ／長く苦しんだ問題が片づく／投資や賭け事に手を出さない
対人	友達を失う／信頼をしていた人にだまされる／思わぬ人から訴えられる／トラブルに巻き込まれる／両親の争いごとに巻き込まれる	相手の心変わりを寛容に受け止める／相手が怒っていても取り合わないほうが吉／耐え忍ぶことを選ぶと対人関係が良くなる
心身の状態	免疫疾患／難病をわずらう／疲れやすい／寝込む／風邪を引きがち／入院や手術／食べ物にあたる／不眠／精神的な病／呼吸が浅い	暴飲暴食をしなければ体調を保てる／執拗に同じ物を食べ続けない／不平不満をためない／ストレス発散／嫌なことを意識から外す
その他	盗難にあう／強盗／何かを盗まれる／忘れっぽくなる／旅行中にケガをする／外部的要因で足止めされる／車などの衝突事故	信仰心を高める／天命に任せる／部屋の整理整頓を行う／不要なものを捨てると運が向いてくる／笑顔を絶やさなければ吉

7 地水師

ち　すい　し

7
地水師
Chi Sui Shi

闘い

挑む、勝利のために進む、重責、覚悟、腹をくくる、
逃げられない、目的を果たす

困難な状況に
立ち向かい戦う

　6番「天水訟」も争いではありますが、7番「地水師」はもっと大きな戦いの勢力を表します。戦いにおいては、強い意志がなければ目的を果たすことはできません。今は、なぜ戦わなければいけないのかを考え、その先につかみたいものが正義であれば、しっかりと準備をして挑むべきタイミングと言えます。また勝利に向かうことを約束された卦でもありますから、いい結果を得るために自分を律することも必要になるでしょう。

	陰	陽
恋愛	無謀な恋愛／リサーチ不足で逃す／しつこすぎて嫌われる／ライバルのほうが上手／適当さが相手に伝わり失恋／ケンカが長引く／根にもたれる恋愛／嫌われたくないからと我慢するとチャンスを逃す／障害が多くてあきらめたくなる	互いの障害となっている問題を話し合えば進展へ／ライバルに打ち勝つ／障害ある恋愛でも乗り越えられる／誠意をもって気持ちを伝えれば復縁が叶う／第三者から出会いにつながる紹介あり／気持ちを伝えるチャンス
お金・仕事	取引先の気持ちや気遣いを台無しにする／部署内の争いごとが大きく発展／仕事へのやる気が出ない／大盤振る舞いしすぎて金欠／1人で勝手な判断をすると問題が起こる／人間関係で長くもめる／準備不足で叱られる	真摯に仕事に取り組む姿勢が吉／契約にいいとき／周囲のサポートが得られる／よく考えて行動すればいい結果を招く／勝負のときは逃げないことが大切／しっかりと準備することで難題も解決に向かう／戦略が功を奏す
対人	改善しない人間関係／意固地になると孤立へ／相手に負ける／無意味な対人関係を続けると損／求める人と出会えない	争いに首をつっこまなければ回避／頑張っているあなたを慕う人が出てくる／悩んでいるときに助っ人がくる／いい噂を聞く
心身の状態	満員電車・バスでの事故やトラブル／息苦しさを感じる／頑張りすぎて体調を崩す／重責によってのストレス過多／不眠症／足のケガ	病気と上手につき合っていくと◎／いい新薬が出る／やる気満々・気力充満／苦難があっても笑顔を絶やさずにいると吉／不安の減少
その他	自転車・車が壊れる／騒音トラブル／不景気／川や湖が干上がる／水害が起きやすい／水場近くに住んでいる人は転居が吉	従うことで道が開ける／自信をもって挑むと吉／心配がなくなる／多くの人に認めてもらえる／人のせいにしないこと

8 水地比 <ruby>水<rt>すい</rt></ruby><ruby>地<rt>ち</rt></ruby><ruby>比<rt>ひ</rt></ruby>

基本の KEYWORD

協力

親和、良好な人間関係、楽しい、娯楽、善は急げ、
信頼する仲間、平穏無事

互いに協力し合う ことで成功へ

　7番「地水師」の「師」が闘いであったのに対して、8番「水地比」の「比」は親和を表し、逆転した卦であることがわかります。男性を示す陽爻と女性を示す陰爻が1：5の割合で偏りがあることから、バランスを重要視するべき卦です。相反するものでも、知恵を出し合い、協力することで成功を収めることができます。力を合わせるためには、柔軟性や素直さなど、ニュートラルな姿勢がカギになってくるでしょう。

	陰	陽
恋愛	ちぐはぐな2人／意外な人によって2人の仲が引き裂かれる／強力なライバル登場で試される／価値観の相違による別れ／互いに頑固で歩み寄らない／もう無理とあきらめがちに／裏切りにあう／復縁は難しい／不倫裁判	モテ期到来／誘惑アプローチで射止める／好きな人好みの自分になると吉／積極的に行動をすると相手に思いが伝わる／復縁したいなら自ら連絡をすると吉／プロポーズを受ける／再燃／結婚話がトントン拍子に進む
お金・仕事	仕事上でのトラブルで自信喪失／上手に部下・上司をコントロールできない／自信のなさから大きな仕事を任されても断る／意見の相違でプロジェクトが進まない／ウマが合わない／勝手な行動で孤立する／財布を落としやすい	相手の気持ちを動かすプレゼン／真摯な思いを伝えると協力者が現れる／思ったような結果が出ない／娯楽や楽しいことにお金を使うと吉／判断力が高まる／やりたいと思うことは積極的に／自ら輪に入る／順調に儲かる
対人	興味をもたれない／相性が合わないのに無理に追いかけると嫌われる／空回り／助けはやってこない／愚痴が多くなる	気心が知れている仲間とすごすと吉／話し合いですべて解決に向かう／小旅行を一緒にするとチャンスに恵まれる／友情の芽生え
心身の状態	頑固さが病気の原因に／主治医の言うことを聞かないと悪化する／自己判断しない／前立腺や膀胱の病気／代謝が悪い／血液検査をする	快癒する／いい医者に出会う／穏やかな心／体験談を聞くことで勇気をもらえる／周囲にサポートを求める／身体を動かす
その他	欲張り禁物／調子に乗ると足をすくわれる／過信は厳禁／水場（トイレ・風呂・台所）が汚いと運気が下がるので掃除を	人の紹介がすべて吉な時期／切磋琢磨して取り組むと運が開ける／非日常を楽しむと吉／信頼できる仲間との旅行／南の方角が吉

9 風天小畜
ふうてんしょうちく

9 風天小畜 Fu Ten Sho Chiku

停滞

気まぐれ、時期尚早、現状の見直し、忍耐強く待つ、
蓄える時期、すぐには叶わない

叶いそうで叶わない

「畜」は留める力を表します。雲があり風も吹いてはいるものの、まだ雨の恩恵は得られません。9番「風天小畜」は、陽爻のなかに1つだけ陰爻が入っていることから、陽に転じたいのに、あと一歩のところでそれが叶わない状況を示します。順調に進んでいるように見えても、何かしらの試練や障害がありそう。今は留まることが大切です。しかし、叶いそうな気配はある卦ですから、少し待てば変化があるでしょう。

	陰	陽
恋愛	相手の言動を疑う／強引さで相手に嫌われる／パワーバランスが崩れている／不倫や浮気が発覚してしまう／欲求不満／小さな障害が発生／会えない日々が続いて不安／家庭崩壊につながる噂／一緒にいても楽しくない	不満や不安をしっかりと相手に伝えることで解決に向かう／今は連絡がなくてもまもなくやってくる／2人の関係を一歩一歩着実に進めることが吉／つかず離れずでキープ／冷却期間があることでいい結果をもたらす
お金・仕事	重苦しい空気の会社／頭を抱えることが多くなる／ちょっとしたいざこざが起こる／ささいな言い合い／努力をしても結果が出ないことにイライラする／仕事が停滞ぎみ／悪い噂を流されて嫌な思いをする／金運停滞	感情に左右されずに穏やかに対応すると吉／停滞期だからこそ考えること／知識を蓄える時期／意見の相違があるなら落としどころを見つけると吉／進展が遅くじれったくても待つと吉／貯金にツキあり／少し時間をおいて返事する
対人	関わってはいけない人となぜか関わりをもちたくなる／利用されていたことがわかる／うまくいっていたのに誰かに止められる	不満を表に出さないことで関係を維持する／同意が得られなくても気にしないこと／ビッグマウスの人には気をつけて
心身の状態	咳が出る／ストレスからの憂鬱／快復に向かっていた流れが悪化へ／昔の傷が痛む／なかなか治らない／吐き気／風邪を引きやすくなる	深呼吸を意識する／治療はやや長引くが快復に向かっている／休養をとる／服用している薬やサプリメントの見直し／何があっても気長に待つ
その他	話が通じない／意思疎通に問題が生じやすく思い通りにいかない／予定していたものが中止／失くし物が見つからない／頭が重い	今は大切な契約や決断をしない／短期的な移転・引っ越しはOK／指摘があったら素直に従う／油断はせずに内面の充実を意識する

10

☰☱ 天沢履
てんたくり

10
天沢履
Ten Taku Ri

過信

年上・先輩・上司に頼る、親しき仲にも礼儀あり、
経験者に学ぶ、危険、驚き、格差

過信せずに
慎重に対応する

卦辞では虎の尾を踏むような危険があることを示しています。とはいえ、虎の尾を踏まないようにするのも難しく「言うは易く、行うは難し」でしょう。卦は1つの陰に5つの陽と、前途洋々に見えて何かに足を引っ張られる状況にあるようです。特に物事を始めるときに行く手をはばまれるようなトラブルの予感があります。大丈夫だろうと自力を過信しないことが大切です。目上・上司・経験者に学ぶことで道が開けます。

	陰	陽
恋愛	良かれと思ってやったことが裏目に出る／言葉づかいや生活態度が原因で嫌われる／大胆さについていけない／誘惑に心を乱す／危険な人との恋愛・ワケあり恋愛／無反省でいると別れにつながる／トラブルが絶えない恋	相手の機嫌をうかがう時期／相手に準ずる姿勢が吉／年上の人と縁あり／悩んだら経験者に学ぶと解決策が見えてくる／トラブルは一時的なもの／年長者からの紹介・縁談／なぜうまく行かなかったのか深く反省すると吉
お金・仕事	上司に怒られる／勝手な行動で周囲に迷惑をかける／ギャンブルには要注意／謝罪を怠る／いいわけをする／お山の大将のような態度は評価を下げる／強引に進めると後に大きなトラブルへ／見て見ぬふりはNG／礼がないと嫌われる	偉い立場の人にも素直に質問をしてみるといい返答が／先輩・上司の話を素直に聞くとかわいがられる／能力以上のことはしない／目上に引き立てられる／謙虚さを大切にすれば仕事のチャンスに恵まれる／努力と工夫で財を成す
対人	スキル不足で周囲に迷惑をかける／何事も近道はないことを理解する／自己判断で暴走すると凶／自分を大きく見せるのはNG	思いやりをもって相手と接する／常に慎重でいればトラブル回避／人の道に反することはしない／言葉づかいに気をつけると吉
心身の状態	視力低下／足・指のケガ／転びやすい／注意力散漫になりやすい／冷静な判断に欠ける／巻き込まれ事故／落ち込みやすい／悩みがち	無理をしたらこまめに休養をとる／整体やエステに通う／すすめられた健康グッズを試してみる／足首をまわして血流を良くする
その他	面倒くさくなる／ふさぎ込む／集中力に欠ける／気持ちだけが焦る／旅行先でトラブル多発／準備不足／貪欲すぎると不運を招く	友達と一緒に勉強するとはかどる／過ちに気づいたらすぐに謝ると吉／転居は直感を大切に／完璧を求めないことが大切

11 地天泰

ちてんたい

平和

安心、調和している、良好、穏やか、喜び、幸福な日々、
環境が整う、至福、交わり

いい結果が得られるとき

　天と地の2つの気が交わり、最高の調和をもたらす大吉の卦です。「泰」は大きくて広い、豊かさ、安泰していて落ち着いているという意味があります。争いごととは縁のない環境にあり、万事順調にいろいろなことが進むときですから、幸せを感じられることでしょう。しかし幸せはそう長くは続かないということも暗示しています。そして周囲から嫉妬も買いやすい運気であるため、感謝の気持ちは忘れないようにしましょう。

	陰	陽
恋愛	安定していた2人の仲を引き裂く人が現れる／結婚を反対される／嫉妬の多い恋愛／身体の相性がいいだけ／だらしない2人／相手に気持ちを押しつけすぎてギクシャク／期待をしていたのに叶わない／わがまますぎると凶	笑顔を絶やさないよう互いに努力をすれば吉／相性のいい2人／周囲からうらやましがられるカップル／夫婦円満・家庭円満／恵まれた恋愛環境／思い合い寄り添う2人／会う時間が増える／ゆっくりと結婚の話が進む
お金・仕事	ルーティンばかりで刺激がなく仕事がつまらない／しかけた企画が外れる／起きている問題の表面だけを見ている／怠けていると降格へ／自慢をすると嫉妬されて裏で嫌な噂がまわりやすい／交際費の支出増／夜更かしで金運が下がる	活躍を妬む人が現れる／謙虚な姿勢でいる／周囲を引っ張っていけばいい結果が得られる／現状に満足をせずに高い目標意識をもつ／迷いなく行動することで仕事運向上／妥協しないことが吉／臨時収入／自己肯定感が満たされる
対人	不利益をもたらす出会い／お世話になった人への感謝を欠くと凶／情に流されて金銭の貸し借りで問題が起こる／相手にうそをつきやすい	信頼関係がより一層強固となる／たくさんの人に頼られる／仲間とすごす時間を大切にすると吉／常に相手に敬意をはらう姿勢が吉
心身の状態	体重増加／楽しくてつい食べすぎ・飲みすぎてしまう／運動不足／下肢静脈瘤／血流が悪くなる／デスクワークが増えて腰痛	嫌なことが起きても泣くことで心の解放へ／精神安定／健康状態が良好／癒しを意識する／オーバーワークに気をつける
その他	整えば乱れるものと考える／傲慢な態度でいると不運を招く／嫉妬・やっかみで周囲を巻き込むと嫌われる／ブレない生き方がカギ	引っ越しは吉だが現状安泰ならする必要なし／感謝の心を忘れないように／とにかく今を楽しむ／調子がいい／ラッキーな出来事に感謝する

12 天地否
てんちひ

衰運

行き詰まる、ふさがる、ぶつかりやすい、
まとまらない、不毛、不調和、拒否、落ち込む

思うように
物事が進まない

　11番「地天泰」の逆を意味する「天地否」は、天と
地の気が相反する方向で引き離され、「否」は口に不と
いう字形からもわかる通り、ふさがっている状況を表し
ます。「地天泰」が肯定、「天地否」が否定と覚えるとい
いでしょう。これは善悪関係なく進む道は閉ざされ、行
き詰まることを意味します。どうしようと落ち込むより
も、立ちはだかる試練の1つと捉え、気持ちを前向きに
もっていくことがポイントです。

	陰	陽
恋愛	嫌いになったわけでもないのに別れないといけない状況／物理的に離れないといけない／突然終わる恋／既読スルー・ブロックされる／これ以上は互いに成長を見込めない恋愛／空回り／一方通行の恋愛／うっとおしいと思われる	今は自分から連絡をとらないほうが吉／結婚を急がないこと／少し距離をおくことで改善点が見えてくる／恋愛より仕事が楽しい／さびしさが募っても今は我慢／復縁より新たな出会いに向けて自分を磨く／冷静さがカギ
お金・仕事	意思疎通がうまくいかない／誤解を解きたいが聞き入れてもらえない／いいわけが通用しない環境／でしゃばると嫌われる／計画が頓挫する／どんなに誠意をもって働いても届かない／社内の人と衝突しやすい／金欠／自己破産／罰金	目立たなければチャンスが訪れる／報・連・相をしっかりと／トラブルを放置せずに相手との対話に臨む／転職より現職に集中できる時期／職を失っても希望をもてば新たな職場とのご縁あり／溝が深くなる前に引き下がる
対人	ドタキャンされる／苦しい人間関係／友達ができない／親しい人が遠くへ行ってしまう／ネガティブオーラで人を寄せつけない	この時期に出会う人はご縁がなかったと前向きに捉える／不快だと感じたら自ら離れる／待ち人は遅れてやってくる
心身の状態	軽い症状でも重病化のリスク／下痢や便秘を繰り返す／食中毒／閉塞感で気持ちが悪い／生殖器・泌尿器の病気が見つかりやすい	不調を感じたらすぐに病院へ／むくみやすいのでストレッチをする／家のなかでできる健康法を実践する／お腹を冷やさない
その他	見失う／引っ越しはいいが良い物件が見つからない／まとまりがない運気／低迷しているときこそ学びの時間に使うのが吉	排水溝などのつまりをとる／トイレ掃除が吉／行けそうであっても今は行かないほうがいい暗示／じたばたしない

13 天火同人
てんかどうじん

仲間

同志、チームプレイ、情報共有、わかち合う、共通点、
力を合わせる、対等、親交

同じ目的をもった仲間と行動

　人類にとって欠かせない「火」は、自然現象によってもたらされました。この1つの火を同じ価値観をもつ仲間たちと囲い、話し合いながら進めていくことが大切であることを説いた卦です。共同事業はもちろん、手を取り合って互いの知恵を出し合いながら、皆で成功に向かっていくことを表します。しかし、そこに私利私欲や自分だけが得をしようというよこしまな思惑があると、この卦のチャンスを活かすことができません。

	陰	陽
恋愛	猛アタックで相手が引いてしまう／価値観の押しつけで別れる／共同生活に向いていない相手／同棲を始めるもののけじめがつかない／友達の恋人に目がいきがちに／2人の気持ちがかみ合わない／一目ぼれで失敗する	似た者同士で相性抜群／ともに会う時間を増やすと吉／意中の相手に気持ちを伝えるために友達からアドバイスをもらうといい展開へ／無償の愛／困難があっても親しい友達に相談をすることで道が開ける／グループ交際が吉
お金・仕事	同調したことで巻き込まれる／相談する相手を間違える／身内や仲間の意見を気にしすぎて視野が狭くなる／あちこちにいい顔をする八方美人と噂されそう／交際費で金欠／同調圧力／野望や私利私欲が高まる／自己判断で行動はNG	同僚のサポートをすると仕事が円滑に／1人で抱えずに必ず相談をする／人の紹介で仕事が発展する／人脈が広がる／クラブ活動や社外での関係を密にすると吉／プレゼントをする／交際費はケチらない／良好な収益
対人	人間関係の変化に疲れる／周囲に縛られすぎて身動きができない／決断までに時間がかかり友達が離れる／うそをつかれる・だまされる	多くの人と関わりをもつことで運が開く／誘いは断らない／あきらめが肝心なときもある／実りある友達が増える／以心伝心
心身の状態	集団感染／人が集まるところに長時間いると気分が悪くなる／高血圧／発熱が長引く／心臓検査を重点的に／火傷に注意	健康的であるがゆえに太りやすい時期／有酸素運動がおすすめ／治せないと言われていた病に新薬が出る／身体の熱をとる工夫を／免疫向上
その他	家族間でのもめごとや問題に巻き込まれやすい／自分が原因ではないことで責任をとらされる／思いがけない妊娠に気をつけて	火鍋や焼肉が吉／キャンプ・バーベキューなどのレジャー／失くし物が見つかる／人とともに勉強すると◎／多産／シェアハウス

14

火天大有
かてんたいゆう

発展

チャンス到来、活気、運気上昇、輝く、願いが叶う、
人気者、勢いがある、成功、実現

体力・気力ともに盛運期

　太陽がさんさんとあるさまを表し、陽の気に守られて恵みを授かることを示しています。「大有」は大いなるパワーにあやかれる、多くのものを手に入れて保つことができるという意味です。活気に満ちている運気ですから、さまざまなチャンスに恵まれることでしょう。あなたの実力はもちろんですが、天の加護があるということを忘れてはいけません。盛運期だからこその謙虚さも必要であるということを心得てください。

	陰	陽
恋愛	始めは良くてもつき合っていくうちに本性が見えてくる／運命的であるほど憎しみも強くなる／因縁深いツインレイ／あれも好きこれも好きと目移りしがち／愛ではない違う問題が浮上してくる／不倫が公になる／わがままがすぎると嫌われる	周囲も祝福する2人／思いが通じている／運命的な出会い／スムーズに進む恋愛／結婚・ゴールイン／熱愛／周囲が見えなくなるぐらい燃え上がる恋／好きな人のいいところを見つけると吉／復縁成就／略奪愛成功／モテる
お金・仕事	仕事のモチベーションが下がる／浮かれていると思われる／表面上は慕っているが裏では悪口を言われている／自我が強すぎるとチームの和を乱す／自分が正しいという思い込みが激しい／自分の手柄にすると凶／調子に乗って浪費する	リーダーに抜擢される／表彰される／実力を発揮するチャンスに恵まれる／たくさんの人から慕われ頼られる／くじ運向上／金運良好／運良くトラブルを回避する／物事がスムーズに流れる／注目される／さまざまな角度から物事を見る
対人	偉そうな態度でいると距離をおかれる／知ったかぶりを続けると信頼を失う／SNSに人の悪口を書くと運気が下がる／炎上しやすい	友情からビジネスパートナーにも発展／良好な関係／いい情報が入ってくる／運の良さにあやかろうと仲間が集まる
心身の状態	腰痛・ヘルニア・坐骨神経痛に注意／何でもやりすぎに注意しないと体調を崩す／ヴィーガン・オーガニックにこだわりすぎると凶	自分に合う薬やサプリが見つかる／太陽光を浴びると免疫アップ／晴れた昼間に運動すると吉／いい医者・病院に恵まれる
その他	あきらめるとチャンスが台無しに／いろいろなことが起こるため大事なことを忘れやすい／相手の気持ちを考えない行動はNG	旅行するなら身軽に／今よりいい立地への引っ越しはOK／ハイブランド／ご褒美／感受性が高まっている／神社仏閣巡りが吉

15 地山謙

<ruby>地山謙<rt>ち ざん けん</rt></ruby>

 基本のKEYWORD

謙虚

謙遜、消極的、控えめ、縁の下の力持ち、
相手を立てる、助言役、サポーター、世話やき

縁の下の力持ちに
徹するといい

「能ある鷹は爪を隠す」という言葉がしっくりくるような卦です。坤（地）が上にあり艮（山）が下にあるので、高いほうが低いほうに従うことを示しています。「謙」は謙虚、低姿勢を意味し、譲ることで運が開くことを表しています。どんな状況でも相手を立てて、あなたは謙虚に振る舞い、サポート役に徹するのがいいでしょう。陰爻が5つ、陽爻が1つなので男性側を占った場合、モテはしますが色難に注意が必要です。

	陰	陽
恋愛	異性問題で悩む／借金やDV癖のある相手に引っかかる／ハラスメントタイプに好かれやすい／火遊びの恋愛／一時的な結びつき／互いにわがまま／周囲の反対にあう2人／欲まみれの恋愛／ライバルが多くて勝てない	個性的な相手との恋愛／相手が年下でも立ててあげると関係性がうまくいく／なかなか振り向いてもらえなくても地道にアプローチを重ねると吉／連絡を待つ／今は慎重なほうがいい時期／ひっそりと大人の恋愛を育てる
お金・仕事	下心は相手にバレる／ごまかしがきかないので注意／自分だけが頑張っている気がして滅入る／お金の貸し借り注意／上司が間違えても指摘しない／バカにされる／職場への不満がたまる／ライバル登場でやきもき	謙虚でいることでかわいがられる／欲しいものがあっても要検討／あいさつを率先して行うと好印象／わかっていても知らないふりをして相手に頼る／怒られても我慢／自分の力を誇示しないほうが吉／上司や先輩にプレゼントを渡す
対人	似た者同士のなれ合い／実にならないつき合いが増える／嫌味を言われる／ケンカをしかけられる／自分の良さが相手に伝わらない	何も言わなくても心は伝わる／相手の立場で考える／ほめられたらさらにほめ返す／献身的な姿勢が吉／サポート役に徹する
心身の状態	お尻や腰の病気に注意／お腹にガスがたまりやすい／ナーバス／どうせ自分なんてとネガティブ思考ぎみ／手足のふるえ	下半身を鍛えると吉／ウォーキングやジョギング／パーソナルトレーナーをつける／肉体改造／筋力トレーニング重視が◎
その他	天気や気圧が不安定で気分がふさぐ／数字が苦手／腐れ縁を放ってはNG／空き家の放置は不運を招くのでリフォームや売却を検討	困っている人がいたら率先して助けると吉／本を読む／スキルアップのために頑張る／近距離の旅行／男兄弟と仲良くすると◎

16 雷地予
らいちよ

行動

新規開拓、計画を実現、予定通り、秩序、楽しむ、
喜び、娯楽、明るい兆し、音楽

これまでの努力が報われる

「予」は喜び、楽しむことを意味します。雷鳴は怖い一面もありますが、私たちに恵みの雨をもたらす予兆でもあります。地で豊作を願う人たちが音楽を奏でて雨乞いをすると、雷鳴がとどろき人々が喜びにあふれるさまをイメージするといいでしょう。物事には必ず予兆がありますから、感覚を研ぎ澄まし、見逃さないことも大切です。また音楽とも関係が深い卦ですから、音が鳴る場所に行くことで運が開けます。

	陰	陽
恋愛	夢中になりすぎて周囲が見えなくなる／両思いになっても調子に乗りすぎると破綻へ／非常識な2人／過信をしてパートナーをないがしろにしているとほかの人にとられる／気持ちが伝わっていない／快楽におぼれる	意中の人に告白をされる／直感に任せると吉／うまくいく2人／デートは楽しくすごせるエンタメ色の強いプランが◎／一緒にコンサートやライブに行くと仲が一層深まる／待ち人から連絡がくる／出会いのチャンスが増える
お金・仕事	衝動的に進めるとNG／プランニングミス／あともう少しというところで問題が出る／成果や結果を求めすぎて準備不足に気づかない／努力をしてきたのに叶わない／楽しいことばかりに意識が向いて仕事が後回しになる	新しいことを始めると吉／心機一転／予定通りに進めることで仕事運向上／きちんとメモや録音を心がけると◎／最後まで気を抜かなければ成功につながる／ボーナスや臨時収入に恵まれる／ヘッドハンティング
対人	腐れ縁は損切りを／ズルズル続けると凶／感情的に動くと相手を困らせる／思ってもみなかった人から裏切られる／ショックなことが起きる	友達づき合いが楽しいとき／聞き役に徹すると信頼関係が増す／苦手だと感じていた相手とも仲良くできる時期／趣味で気が合う
心身の状態	耳鳴り・中耳炎など耳に関する病気に注意／食事や睡眠などの生活リズムが乱れる／高血圧や動脈硬化に気をつけて／お酒に注意／帝王切開	集中力が向上／音楽療法でストレス解消／節度を守り何事も過剰すぎなければ健康維持／歌を歌うと健康運アップ
その他	隣人や環境の騒音トラブル／楽しくてハメを外すと運気低迷へ／うぬぼれやすい／喜びに酔いしれて大切なことが見えなくなる	気を引き締めていれば失敗はない／喜びは1人よりも周囲とわかち合うことで倍増／周囲につられないことも大切

17 沢雷随

たくらいずい

臨機応変

相手に従う、流れに乗る、無理をしない、備える、
追随、隠居、転居、好機あり

相手について行くと
いいことが

「随」は追随する、ついて行くことを表します。相手に従うように動くことで運が開けるので、独断で動くのではなく誰かについて行くことが吉とされています。しかし、誰について行くかは考慮が必要です。周囲を観察して、笑顔が集まっているところに身をおき、自分よりも運のいい人、立派だなと思う人からアドバイスをもらいましょう。特に恋愛相談でこの卦が出た場合、男女間の仲は良好です。

	陰	陽
恋愛	相手に何でもまかせっきりでは飽きられる／復縁に固執していると新しい出会いのチャンスを逃す／昔の恋人と今の恋人を比べるのはNG／腐れ縁を続けていると恋愛運低下／未練たらたらは嫌われる／ストーカー気質	恋愛運絶好調／尽くす恋愛／献身的な思いが相手に伝わる／別れ話が出ても粘ったほうが吉／相手に合わせることでうまく進展する／振り回されても楽しいと思える恋愛／一歩下がって相手について行くと吉／同棲を始める
お金・仕事	上司や先輩に逆らう／批判的な態度をとりがち／あまのじゃく／プライドが高いと周囲から嫌われる／扱いにくい相手と思われる／独断で進めるとトラブル発生／金銭問題が浮上／ケチだと損／休職／長期休暇をもらう	新しい流れに逆らわずに従うと仕事運向上／変化のときこそ慎重に周囲の力を借りて／新しい可能性やチャンス／小さなことが後に大きく化ける／誠実な相手との仕事／上司や先輩のアドバイスに従うと吉／運の良い人について行く
対人	自分は自分、相手は相手と考えると関係が悪化／相手をバカにするのはNG／助けがやってこない／親や血縁者に叱られる／疎遠	嫌な相手の言葉でもいいアドバイスになる時期／相手の意見に耳を傾ける／積極的に教えを乞う／言われた通りに動くと吉
心身の状態	不確かな健康法にはまる／症状が出にくい病に気をつけて／なかなか治りにくい／体調のせいで動けなくなる／身体に炎症が起こる	早期発見・早期治療が吉／医者の言うことを聞く／自然治癒力を信じる／老化や衰えを感じたら放置せずに対処／若返り健康法は吉
その他	身近な誘惑に引っかかるので要注意／不誠実な態度は運気低迷／うぬぼれがいきすぎると孤立する／詐欺商品・セミナーに注意	自尊心は高くもたないほうが吉／おかれた状況に変化が訪れても臨機応変に対応／面倒なことを率先してやると運気向上

山風蠱
さんぷうこ

腐敗

衰退、枯れる、悪縁、三角関係、因縁、複雑化、
悪化する、風通しが悪い、崩壊、乱れ

早めの対処で危険を回避

　山に風が吹くと風化し、しだいにその土台が崩れていきます。「蠱」は腐るという意味です。腐ったものをそのまま放置するのは厳禁。一刻も早く対処をしたほうがいいでしょう。風水でも枯れた花や腐ったものを室内に放置しておくとにおいが発生するのはもちろん、運気の低迷につながります。破壊があれば再生があるものですが、この卦が出たときは表面的な対策やごまかしはまったく通用しません。真剣に取り組みましょう。

	陰	陽
恋愛	昔の恋人との再会で心が揺らぐ／トラウマで前に進めない／不倫がバレる／遠距離恋愛／自然消滅へと向かう恋愛／決着がつかない2人／将来の不安が互いにあり前に進めない／素性を調査したら既婚者だった／衝突が多い	本当にこの人でいいのか見直すと吉／すぐに話し合いをすると◎／見て見ぬふりは禁物／過去の恋愛と比べないことが大切／良いも悪いも早く知って互いの関係性を見直す／別れがあっても早めに気持ちを切り替えると吉
お金・仕事	複雑で難易度の高い仕事／自己破産／会社の破綻に巻き込まれて転職を余儀なくされる／社内の勢力争いに巻き込まれる／油断大敵／大きな代償をはらう／冒険よりも堅実さを優先して／あきらめると失う物が大きい	何が起きてもしっかりとした態度で対応を／引き継ぎにてこずる／一度ダメになった仕事の立て直しを任される／今が踏ん張りどころ／思いきった改革が必要／失敗しても後始末はしっかりと／初期投資が吉／浪費なのか消費なのか見極めて
対人	冷静さに欠ける／「もういいや」と投げやりになるのはNG／相手を厳しく責めがち／面倒な関係から逃げる／裏切る／無口になる	ケンカをしても互いにしこりが残らないよう対処／相手の気持ちを考えて行動／穏やかに接すると吉／素直に謝る／建設的な話し合いを
心身の状態	やる気が出ず気が重い／表情がこわばる／声が嗄れる／皮膚炎になりやすい／軟弱な体質／免疫低下／壊死／骨折／生活のリズムが崩れがち	栄養あるものを食べる／大病しても奇跡的に助かる／内視鏡検査は吉／料理教室に通う／冷蔵庫・冷凍庫の整理をする
その他	目に見えないところでトラブルが発生しやすい／冷蔵庫の整理／敵が隠れている／失くし物が見つからない／旅行は中止したほうがいい	引っ越しに適している／部屋の風通しを良くすると吉／誰もやりたがらないことを率先して引き受けると運気向上／節約や保険の見直し

19 地沢臨
ちたくりん

19
地沢臨
Chi Taku Rin

希望

出発、願望成就、望めば叶う、満開、向かう、光明、高みの見物、積極的に行動、増長

実力を発揮して利益を得る

19番「地沢臨」の「臨」は、高いところから眺めるという意味があります。この卦が表すのは陽の気がもっとも高まっている時期で、季節で言えば春爛漫。何事もどんどん高く、大きく進み広がっていく開運のときです。花は満開に咲き、豊かな土壌と川の流れに恵まれますが、いずれ花も散り、夏がやってきます。つまり、望みが叶っても永遠には続きません。新たな目標を掲げて気を抜かず、世のために尽くしましょう。

	陰	陽
恋愛	アフターフォローが足りず仲が深まらない／いい加減さが相手に伝わる／相手まかせに怠けていると凶／いつも夢語りばかりで現実味がない／努力を怠り相手のせいにする／モテるからといって浮気・不倫を繰り返すのはNG	運命的な出会い／アプローチがすべて叶うほど勢いあり／互いの距離が一気に近づく／相手を喜ばせることを意識／テクニック勝ち／人が集まってくる／モテる／地道なアプローチが伝わり両思いに／一緒になる覚悟が芽生える
お金・仕事	怠け癖が出て評価が下がる／左遷・降格・異動の辞令が出る／締め切りに追われる／宿題や仕事を後回しにするとツケがくる／独善的な態度や姿勢はNG／先輩や上司からこき使われる／動機が曖昧だとバレる／損得で考えると金運ダウン	早いうちから出世／上司に信頼されて抜擢／能力が認められる／受賞する／できることを丁寧にこなす／志高く／活躍の場を与えられる／競馬・ギャンブル運良好／昇給あり／試験やオーディションに合格する／魅力的
対人	引っ込み思案な性格から友達になるチャンスを逃す／友達からあきれられる／態度を注意される／よこしまな考えがバレる	一緒にいると落ち着く／浅く広くつき合いを広げると吉／新たな出会いで人脈を開拓／同窓会やパーティーでご縁あり
心身の状態	甘いものを食べすぎてしまう／性病に注意／肝機能障害／疲れからくる肝機能低下／消化器の不調／辛いものを食べないように	心身ともに健康／家族や親しい人の看病をすると吉／腹部をあたためる／夏はプールや海水浴をすると良い／目標値に到達する
その他	あまりにも高すぎる理想は叶わない／忙しくて忘れ物をしがち／旅行先では盗難や忘れ物に注意／条件に合う物件が見つからない	幸運がやってくる運気／思いのままに動けば何でも手に入る／危機管理能力を高めに／物腰柔らかく接すると吉／タワーや高層階と縁がある

20

風地観 <ruby>風<rt>ふう</rt></ruby><ruby>地<rt>ち</rt></ruby><ruby>観<rt>かん</rt></ruby>

20
風地観
Fu Chi Kan

観察

動かない、瞑想、マインドフルネス、精神性を高める、
静観、反省、学問専念、思索

心眼をもって真実を見る

「観」は観察を表しますが、物質的なものよりも精神性・内観という意味合いがあります。この卦が出たときは「動かざること山のごとし」と捉え、悪いことが起きそうでも動じないように努めましょう。そして、目の前で起きていることにどう対処するか、よく観察・考察をしてから動きましょう。また信仰やスピリチュアルといった目に見えない世界と深くつながるときでもありますが、依存しすぎないことが大切です。

	陰	陽
恋愛	相手の短所ばかりが見える／細かいことをいちいちつっこんで嫌われる／相手のためと思って動いても空回り／うわべだけの恋／相手の本質を見抜けない／マインドコントロール／思い込みや妄想が激しい／遊び相手	プラトニックラブ／相手との気持ちのつながりが強固に／互いの気持ちを素直に打ち明けると吉／信じ続ければ叶う／出張や仕事が忙しくてなかなか会えないけれど真心は伝える／国際恋愛／遠距離恋愛／アプリでの出会い
お金・仕事	無視される／精神的に追い詰められる／段取りが悪く思うように仕事が進まない／理想と現実の狭間で悩む／転職はうまくいかない／財布のひもは固く／精神性を高めることに費やすと吉／断られることが多く苦戦	抱えている問題を解決する方法を精査／現実を見ることで改善点が見えてくる／冷静な決断・判断／視野を広く物事を多角的に見る訓練を／何が悪かったのか反省すると吉／知識を広げると仕事運向上／欲しいものがあっても要検討の時期
対人	未熟さで相手を振り回す／相手の立場で考えられない／他の人の目線や言葉ばかりが気になってしまう／嫌われていると妄想	相手の長所から学ぶ／受け入れてもらうにはどうしたらいいかを考える／相手が喜ぶことを検討／感銘を受ける人と出会う
心身の状態	食欲不振／呼吸が浅い／心肺機能の検査／季節性の持病・アレルギーが出てくる／精神不安定／睡眠障害／神経過敏になりがち	湯船に長くつかると吉／温泉で養生／故郷に帰る／理想体型を目指して頑張るといい時期／軽傷ですむ／ウォーキングが吉／こまめな手洗いうがいが吉
その他	十分に気をつけていても見直すタイミング／人に求めすぎはNG／あなたが相手を見るように相手もあなたのことを見ている	1つのことを極めると吉／内観につながる講座やリトリートに参加する／リフォームに適している／信念を相手に押しつけない／地産地消

21

火雷噬嗑
（からいぜいごう）

障害

力強いもの、打破、乗り越える、脅威に立ち向かう、
わだかまり、不快感、摩擦

障害には早く
対処すること

　21番「火雷噬嗑」は上卦を上あご、下卦を下あごと見立て、口を大きく開けている卦です。後に登場する27番「山雷頤」との共通点に注目してみましょう。「噬嗑」は口・歯の間に異物がはさまっている状態で、それを強い力で噛み砕いて早く取り去ったほうがいいという意味です。障害を取り除くことで、陽の「火」と強い力の「雷」が合わさり、吉に転じることもあります。そのまま放置するのは良くないため、早めの対処が必須です。

	陰	陽
恋愛	障害の多い恋愛／話が噛み合わない2人／不倫・ワケあり恋愛は訴えられる危険性／口ゲンカが多い／問題解決にならずに別れる／片思いが苦しい／傷つくことが怖くて思いを素直に伝えられない／強力なライバルの登場	障害があっても立ち向かうことで互いの絆が深まる／不安や不満を相手にしっかりと伝えることで解決に向かう／言い合いを避けない・逃げないほうが吉／素直に謝ることで関係修復／感情のコントロールが大切
お金・仕事	不満がつのる／我慢し続けるのはNG／障害を打破するには相応の努力が必要／投げやりになりがち／あきらめが早いと仕事運が低迷／出費がかさむ／冷静さに欠けミスが多い／魅力的な仕事ほど障害も多い／企画がスムーズに通らない	競争相手がいるほうが成長できる運気／ステップアップできるチャンス／予期しないトラブルにも冷静に対処すると吉／歯の治療にお金をかけると金運アップ／力強く仕事に集中することで評価が上がる／笑顔を心がける
対人	毒舌で傷つける／短気は損気／トラブルが多い時期／見ないふりをしている／欠点を指摘されやすい／意固地になりやすい	わだかまりは放置せず早めに対処を／熱しやすく冷めやすい時期／コミュニケーションを密にすると◎／互いの予定や確認を怠らない
心身の状態	口内炎・歯肉炎・歯周病・虫歯など口腔内の病気／暴飲暴食で体調を崩す／よく噛まないで食べると消化不良／口周囲にできるニキビ	強い意志をもって健康管理をすると吉／温かい飲み物を飲むように心がける／食中毒につながりやすい生ものを今だけ避ける
その他	こんなはずではなかったと気が滅入る／強引な態度は凶／転職や転勤はNG／何事も中途半端に対応すると良くない／旅行は今ひとつ楽しめない	意地を張らないこと／仲良くなるために必要なぶつかり合い／転職をしようとすると引き留めにあう／気負って慌てない

山火賁
さんかひ

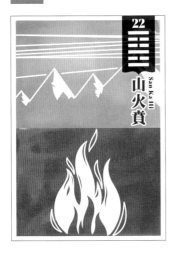

美飾

美意識、イメージチェンジ、夕陽、明るい、
見栄を張る、安らぎ、親しむ、デザイン

美しいものに
ふれて心穏やかに

　山に沈む夕陽を表す卦で、「賁」は美しく飾るという意味です。このカードを引いたら夕映えのように注目を浴びます。しかし、夕陽は美しく輝きながら山に下っていくことから、運気はこれからゆっくり下降するとも言えます。それまでは美しいものに親しんで、心を和やかに保っていきましょう。またこの先、いろいろなことが明らかになっていくので、この卦を引いた時期に良い再発見があるかもしれません。

	陰	陽
恋愛	見かけに気をとられやすい／表面上うまくいっている2人／仮面夫婦・別居／熟した関係に陰り／長いつき合いに終止符をうつ／小さな問題が生じる／愛されているのか不安になる／相手に嫌気がさす／隠しごとが明るみに	出会いのチャンス到来／背伸びしない恋愛／落ち着いた2人／相手選びは慎重かつシビアに／長い春がやっと結婚につながる／デート場所を変えると吉／イメージチェンジで注目を浴びる／希望通りの結婚へ／美術館デートで良い雰囲気に
お金・仕事	目先の事柄で判断をして失敗する／相手の肩書にだまされる／衝動買い／余計なものまで買って浪費／大きな成果を求めるとうまくいかない／デスク周りが汚いと凶／転職には向いていない／引き際が下手で損をする	美容・芸術・交際にお金を使うのは吉／アフターフォローを行うと◎／上司や同僚など周囲の人が助けてくれる／人の温かみを感じる経験／間違えてもいいので伝えることが吉／仕事上の大きな決断はしないこと
対人	だらしない生活態度で人が離れる／今はいい関係でも後にトラブル・波乱を含む／やりたいことに賛同が得られない	外見だけでなく内面も磨くことで友達が増える／つかず離れずの関係性がいい／人望がある／相手の外見をほめると好感度アップ
心身の状態	運動不足／不衛生／ダニなどによる皮膚炎・湿疹に悩まされる／痛風／腎臓・副腎の問題／水分不足による障害／行動力が鈍くなる	ジョギングやウォーキングを心がけると吉／山登り・景色が美しいところへ出かける／最新の美容情報を取り入れる／美顔器／メイク
その他	3年以上着ていない服は思いきって捨てる／クローゼットや引き出しの整理を／旅行は吉ながら費用をかけすぎないように	ファッションに流行を取り入れると吉／美術館や芸術にふれる習いごとを始める／アフタヌーンティで優雅なひと時をすごす

23 山地剥
（さんちはく）

崩れる

弱点、危険、心身が削られる、運気降下、転落、
暴かれる、衰退、補強が必要、反省

崖っぷちに追い込まれる

陰爻が重なった上に一本の陽爻があるのみで足もとから崩れて、崖っぷちに追い込まれている状況です。土台が根本から崩れるわけですから、どうあがいてもすぐに立て直しは難しいので、いったん手を引くことも大事でしょう。タロットの「塔（タワー）」と解釈が重なるところがありますが、違うのは窮地に立たされても、思考を巡らせて補強や対策、反省をすれば乗り越えられる卦でもあるというところです。

	陰	陽
恋愛	拒絶される／2人の溝は修復困難／もう無理と感じている／離れたくないけれど環境に恵まれない恋愛／縁を切られる／音信不通／会いたくても会えない環境／どうやっても理解し合えない2人／化けの皮がはがれる	今は別れる・離れたほうがお互いにとっていい時期／互いに忍耐が必要／関係を良くしていくためにどうしたらいいか考えると吉／今はまだ結論を出さない／何が悪かったのか反省点を見つける／自然と離れるのが良い
お金・仕事	他人を不愉快にする発言や行動に注意／思い込みによって仕事で迷惑をかける／内部崩壊が始まっている／倒産による退職／条件の悪い転職／借金やお金に関する訴訟問題／味方が離職する／覚悟が必要／金運は判断ミスをしやすい	人に見られても恥ずかしくない勤務態度／トラブルが起きたらすぐ対処すれば小難に／資金繰りが悪くても借金はしない／人間関係の不調和があっても今は我慢／投資は損切りで回避／人の紹介での転職は吉／保証人や代理人にならない
対人	持論を変えないことで余計にこじれる／浮ついた態度が嫌われる／人間関係のトラブルが起きていることに気づいていない／不信	今はお互いに距離を保って交際をしたほうが吉／不運な人に近づかない／固定観念を捨てれば問題は早く解決に向かう
心身の状態	過労で長い休養／上から物が落ちて来てケガをする／骨折／大けが／長期入院／薬の副作用／この時期の病気は長引く	ストレスをため込まないように意識する／皮膚のかゆみが出たらターンオーバーをうながす対策を／自己判断せずにすぐに病院へ
その他	運気は悪い／旅行は凶・旅先でトラブルあり／水もれや家の土台（基礎）に問題が生じる／無謀なことをやりたがる／苦労が多い	崖っぷちでも笑顔を忘れずに／生きているだけで十分と知る／節約生活を心がけると吉／隠し事はないほうがいい時期

24 地雷復
<ruby>ちらいふく</ruby>

回復

開く、復活、春がくる、芽吹き、無理は禁物、再会、
予兆、やり直せる、陽気

新しい運気の流れがやってくる

2番「坤為地」、23番「山地剥」の試練を乗り越えると今度は逆転し、一本の陽爻が現れあなたを支え導いていきます。冬至の「一陽来復（冬が終わり春がくる）」の由来は易経の「地雷復」です。つまり、この卦が出れば願いが叶い、陰気から陽気に転じるということです。長い冬をじっと耐え、備えていれば夜明けは必ずやってくるでしょう。また、冬至に易占をすることは、もっとも神聖な行為で的中率が高いので実践してみましょう。

	陰	陽
恋愛	油断していると相手が離れる／マンネリに嫌気／浮気をするのはNG／相手がなかなか振り向かずあきらめる／くっついたり離れたりを繰り返す／悪縁に執着する／心の結びつきより快楽を優先しがち／微妙な距離の2人	相手との共通点・接点を積極的に見つけると吉／以前より親密になる／復縁・復活愛・再会に縁あり／ふられた相手から連絡がくる／素直に気持ちを伝えれば元さやに戻る／再燃する2人／苦難を乗り越えた先にある結婚
お金・仕事	過去のことにとらわれて前に進めない／自分の非を受け入れられない／税務調査・監査に入られる／延滞金／うまくいかないことが大きなストレスになる／投げやりな転職／過去のツケがまわってくる／過労ぎみ／ストレス過多	過去にやってみたかったことにチャレンジ／以前の職場からオファーがくる／仕事で行き詰まったら初心に戻ると吉／過去の頑張りが認められる／仕事でのチャンス到来／金銭感覚を磨く時期／生活家電を買い替えると吉
対人	暴走が災いして周囲に引かれる／先の未来を考えすぎている／乗り越えなければいけない問題を放棄／友情の決裂・絶交もある	慎重な行動を意識すれば関係良好／同窓会が吉／実家に帰ることで家族関係が改善／古くからの友人を大切にする／後押しをもらえる
心身の状態	無理をして体調を崩す／回復したと思ったらまたかかる／病院と長いつき合いになる／長年服用してきた薬がきかなくなる／激痛	健康に育つ／九死に一生を得る／再生医療と縁がある／体力づくりを／ピラティスやヨガで身体の柔軟性を高めると吉
その他	高望みは禁物／油断は禁物／うずうずと動きたくなるが目的がない動きはNG／旅行は計画を立てるのみ／弱点をつつかれる	失くし物が見つかる／昔からの夢を実現させるチャンス／初心忘れるべからず／変だなと思ったら早めに引き返す／早寝・早番が吉

25 天雷无妄
てんらいむもう

変動

流れに任せる、予測不可能、速やかな判断、自然災害、
成り行きしだい、自然体

人事を尽くして
天命を待つ

天の下に雷があり地上にとどろいている卦です。雷は突然やってくるものですが、それも長くは続きません。雷は変化や革命、予期しない出来事をもたらし、吉凶混合の状況を表します。この卦が出たときは吉凶の判断が必要になりますが、どちらにも共通して言えるのは何らかの変化があるということです。雷は人の力が及ばない自然現象であることから、天の意思に従い、何が起きても流れに任せることを意識してすごしましょう。

	陰	陽
恋愛	なあなあな関係が続く／突然ライバルに相手を奪われる／惚れた相手がとんでもない人だった／だまされた・しかけられたと感じる恋愛／運命的な試練が2人に起こる／予期しないトラブル／成り行きに任せる恋愛	相手を試す・悪あがきしないほうがいい時期／理想と現実が違うことを意識できれば円満／決断は相手に決めてもらうようにすると吉／自然と待っていればいい方向へ向かう2人／運命的な出会い／自分を偽らない恋愛が吉
お金・仕事	濡れ衣をきせられる／早めの解決を焦るとトラブルを引き起こす／相手の足を引っ張るような言動は凶／無茶をすると過労に／メンツのためにおごると金運が下がる／自ら転職を考えるのはNG／紹介は吉／突然の出費	目の前にある仕事をこなしていけば吉／欲しいものが突然手に入る／相手の成長を素直に賞賛すると吉／どうにかなるさと心を広くもって仕事をする時期／行き詰まりを感じたら無理をしない／マネープランも計画的に
対人	自分勝手に相手を振り回しがち／言葉や行動の裏をかいて探るのは無意味／私的な交わりを積極的にもつと嫌われる	現状維持で自然の流れに任せた人間関係が吉／ネットやSNSを通して交友関係が広がる／多くを求めず謙虚な姿勢でいれば吉
心身の状態	思いもよらない病にかかる／調子に乗ると転ぶ／高いところには気をつける／疲れが出やすい・過労ぎみ／突発的な難聴／躁うつ傾向	ストレスの原因が何か特定してケアすると吉／健康維持のために規則正しい生活を心がける／今は苦しくても近未来に快復に向かう
その他	部屋が汚いせいで大切なものを失くす／不毛な議論／引っ越しには適していないが、突然余儀なく退去令が出る／だらだらすごすと運気低迷に	運命的な出会いが仕事でもプライベートでも現れる時期／新たな世界を教えてくれる人との交流／デスク周りを整理整頓すると吉

山天大畜
さんてんたいちく

26
山天大畜
San Ten Tai Chiku

蓄える

賢者、裏方、休む、貯蓄、知識の蓄え、集める、恩恵、
熟成、忍耐、内面を磨く

備えあれば 憂いなし

　山の下に天があることから、大きな山を表す卦です。「大畜」は大きく蓄えることを意味し、行動する前に蓄えが必要だということを伝えています。何事も体力・気力なくしては為せないもの。知識や財産を蓄えて、水面下で人とのつながりもしっかり構築しておくといいでしょう。ただし、むやみにストックするのは無意味です。何が不足しているかを改めて見直し、エネルギーをため込む時期にしてください。

	陰	陽
恋愛	急速に進展を求めて行動すると嫌われる／たくさんつながりがあるのはいいが蓄えすぎると相手から不審がられる／互いの価値観に相違が出てきやすい／探偵を雇う・または雇われ監視されている／お互いの関係に疲れを感じやすい	寛大な心で相手と接する／内面を磨くと魅力が増す／家族交えての交際は◎／一緒においしいものを食べに行くデート／ゆっくりと結婚に向けて準備／時間をかけて育む／じっくりと心の距離を縮める／料理の腕を磨くと吉
お金・仕事	仕事が山積みになって余裕がない／仕事が遅いことで叱られる／忍耐の時期／我慢の多い仕事を任せられる／モチベーションが上がらない／上下関係のルールを無視する／すぐに結果が出ないからといってあきらめると凶	マイペースに仕事をすると◎／失敗をしてもバネにするといい時期／蓄財・貯金・積立に縁あり／努力した分だけ必ずいい成果が出る／自分より強い人には寛容でいるとかわいがられる／裏方に徹すると吉／常に再確認を徹底
対人	知識をひけらかすと嫌われる／大したことないと相手をバカにしがち／友達と政治論争でケンカする／わがままを無理やり通そうとする	相手に尽くすことで徳を積む／弱者や弱っている友達を積極的に助ける／友達と情報交換をする／自分より知識がある友達とつき合う
心身の状態	皮膚が乾燥ぎみでかゆい／動物に噛まれる／上半身の病気に気をつける／肥満・太りやすい／家でじっとしていると凶／食べすぎ注意	健康情報を収集すると吉／食に関する勉強を始める／養生時期／外食よりも自炊が良い／良質なお肉やお米を食べると◎／消化器検査をする
その他	大きなことや自分の手には負えないことには手を出さない／社会のルールに反する行為は身を滅ぼす／転職・転居はする時期ではない	美徳を蓄積する／備蓄や災害に備えた蓄え／大きな動物に縁が／ペットを飼うと◎／勉強に取り組む時期／歴史ある場所へ出かける

27 山雷頤
<ruby>山雷頤<rt>さんらいい</rt></ruby>

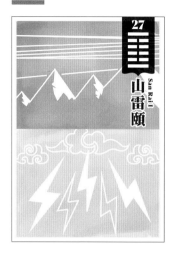

27
山雷頤
San Rai I

基本のKEYWORD

摂取

食べる、口に関するトラブル、養う、言葉、過剰、暴走、顎、口、歯、油断

口は災いのもととなるとき

「頤」は上あごと下あごが向かいあっている象で、上下に陽爻があり、中央に陰爻が揃っていることから、口を開けて歯がある状態を表します。口と歯の最大の働きは食べることでしょう。人間は食べないと生きていけず、成長もしません。つまりこの卦が出たら今は摂取する時期とも言えます。また、余計なことを言ってしまう、伝え方が悪くて相手を不快にするなど、口や言葉にまつわる災いを意味します。

	陰	陽
恋愛	過剰に世話をやくことで相手の成長を妨げる／品のない人と思われる／食の趣味が合わない／生活力のない異性と交際し苦労する／失言が相手を傷つける／欲望のまま進展させると後悔する／常にこちらが養う相手	意中の相手を食事に誘うと進展につながる／会話を増やし互いの理解を深めると心が通い合う／好物で気を引く／自分とつき合うとどんな得があるかアプローチすると吉／落ち込む相手を励ますと愛が深まる／メールや手紙が吉
お金・仕事	周囲の成長に焦るとNG／せっかく貯めたお金で高級店・ハイブランドに散財／自分だけ会食に誘われない／契約上でのミスが起こりやすい／怠けていると評価が下がる／見当違いな動きで迷惑をかける／人の話を最後まで聞かないで失敗	ギブ＆テイクを意識して／今は成長のときと思って仕事に専念を／間違えたら心を改めて素直に謝罪を／身なりに気を使う／財布を新調すると金運アップ／人に仕えることで仕事がうまくいく／物欲が高まる／発想が豊か
対人	口うるさいと嫌われる／つい言いがかりをつけたくなる／調子の良いことを言っても相手にはバレる／相手に要求ばかりしがち	世界観が近い人とつき合うと吉／おごってあげる／困ったら頼ることで解決が早まる／成長し合える仲間との出会い
心身の状態	暴飲暴食／歯肉炎・歯周病など歯の病気／口内炎・ヘルペスなど口の病気／中毒／滑舌が悪い／ストレスフル／火傷に注意	おいしいものを食べてストレスフリー／この時期は重いものをもたない／有休をとって養生／漢方やハーブと好相性
その他	自己承認欲求が高まり身勝手な行動が多くなる／身近な人とロゲンカ／相手の援助や好意に甘んじてしまいがち／親へのコンプレックス	近道より遠回りしてでも手に入れること／親孝行すると良い／家族旅行／ボランティアや奉仕・募金に参加をして徳を積むと吉

28 沢風大過

たくふうたいか

重荷

重圧、一歩一歩、難題、過酷な状況、見当違い、圧迫、
やりすぎ、不安定、ミス

身の丈を知り
慎重に行動を

「沢風」が意味するのは、台風によって沢の水が氾濫し、防波堤からあふれ出て、木が水につかっている状態です。木は過剰な水で根腐れします。「大過」はたくさんのものを抱えすぎているという意味で、過は「過ち」を表し、実力不足にもかかわらず責任を背負う(背負わされる)ことを表します。このままでは心も身体も壊れてしまうでしょう。自分の器や身の丈を改めて見直し、最善の方法を考える必要があります。

	陰	陽
恋愛	高望みをしすぎて恋人ができない／互いに本音を言いすぎて別れる／結婚したものの苦難の道／惹かれ合ってはいるものの馴れ馴れしいと嫌われる／こちらのほうが好きすぎて苦しい／相手に迷惑ばかりかける恋愛／緊張感	身の丈にあった恋愛が吉／意中の相手から反応があっても過度な期待はしない／格差婚・年の差婚などアンバランスなカップルほどうまくいく／落ち着いて客観的に相手を見れば吉／無理だと感じたら早めに手を引く
お金・仕事	実力不足を感じる／大きな責任を背負わされる／理想や望みが大きすぎて叶わない／借金する／キャッシングやローンは注意／自信が裏目に出てトラブル／無理な企画・計画で批判される／プレッシャーが強くかかる	周囲に気を配りながら仕事をする／話しかけづらくても恐る恐る一歩踏み出すと吉／慎重に進めることが大切／大きな目標は見直しが必要／限界を超えた先に良い兆しあり／一線を越えないことが大切／最善の方法を話し合う
対人	おせっかいで嫌われる／身内とのトラブル／騒音トラブル／限界を感じる関係には終止符を／神経をすり減らし疲れる相手	親友になる／友達との約束を守ることで絆が深まる／忙しく大変なときこそ互いに励まし合う／関係を良好に保つ努力を
心身の状態	極度の緊張／手足のふるえ／圧迫感／閉塞感／頭痛・吐き気・めまい／婦人科の病気や更年期症状が重い／睡眠不足や不眠	心の健康がもっとも大切と気づく／苦しいときこそ立ち止まって休むこと／水泳でダイエットが吉／背伸びをすると◎／深呼吸や森林浴
その他	選んだ道が間違っている場合も／過信は厳禁／引っ越しは吉だがかなりハードと覚悟を／旅行するなら荷物は軽めにすると◎	かなり大変だが慎重に努力を続ければ叶う／ありえないようなことが起こる／欲張らずに1つのことを極めると吉

29

坎為水
（かんいすい）

苦難

空回り、水害、落胆、穴、苦労、困難、色難、おぼれる、
つらい悩み、波乱万丈、運気低迷

一難去っても
また一難

29番「坎為水」は、水がしきりに流れている状態です。「坎」は「穴」を意味することから、絶え間なく流れ続ける水によって大きな穴が空き、次いで水がたまります。罠にはまったり、追い打ちをかけるような苦難や困難に見舞われることも。どうにかしようと水の流れに逆らうとおぼれ苦しみ、這い上がるにはかなりの運が必要になってしまいます。とはいえへこたれそうになっても信念をもち続けることで浮上のきっかけを得るでしょう。

	陰	陽
恋愛	甘い誘惑や罠にはまり抜けられない／誰かを傷つける恋愛／今ひとつ盛り上がりに欠ける2人／人恋しさから良くない方向へ／相手の気持ちが冷めている／好意が相手にうまく伝わらない／根にもたれる恋愛／障害が多い	どんな約束でも徹底して守ることで障害を乗り越えられる／流れに身を任せるほうが吉／不倫相手との進展あり／結婚は決まっているもののプロセスに困難が／立ちはだかる苦難に互いに向き合うことで乗り越えられる
お金・仕事	窮地に立たされる／悩みが多くなり職場に行きたくない／孤立する／人間関係トラブル／忙しすぎて我を忘れる／職場を転々とする・落ち着かない／湯水のように出費が止まらない／器の小ささが仇となる／金銭の争い事あり	今よりも収入につながる転職／今は大きな動きをしないほうがいい時期／周囲が荒波のようでも穏やかに接することを心がける／気になることが起きてもさらりとかわすと◎／横暴な態度ではなく誠心誠意が大切
対人	待ち人は訪れない／ドタキャンされる／三角関係でもめる／友達との別れがあっても追わない／運の悪い人のとばっちりに合う	相手に本心を伝えることで絆が深まる／次から次へと人間関係で問題が起きても冷静に対処する／今は去る者追わずが良い
心身の状態	体重増加／むくみや水太り／難産／肺に水がたまる／身体が冷えやすい／上半身に病が出やすい／疲れやすい／不眠／片頭痛	適度な運動で新陳代謝をうながす／こまめな水分補給が大切／マッサージやエステに行き血液循環を良くする／太極拳が吉
その他	家の水害に用心／水場でのレジャーは禁物／旅先での水難や盗難／新興宗教にはまりやすい／穴の開いた服や靴を捨てる	不運に見舞われらお祓いに行くと吉／悪いことが起こっても乗り越えられると信じる／潔くあきらめることが吉／物を失くしやすい

30 離為火

<ruby>離為火<rt>りいか</rt></ruby>

光明

情熱、原動力、短気は損気、燃え上がる、早とちり、
離れる、短期戦が吉、麗しい

美しい炎が脅威とならないように

　特定の形をもたず、水と同様に形を変える、気まぐれなエレメントが火です。この「離」は離れるという意味もありますが「麗」とも言われます。キャンドルに灯した火が癒やしを与えてくれるように、明るく照らす美しい火を表します。しかし火は扱いに注意が必要です。つける場所、相手を間違えればたちまち大きな炎やトラブルとなって広がってしまいます。酪農に携わる場合、牝牛の育成に取り組むと吉となるという意味もあります。

	陰	陽
恋愛	くっついたり離れたりを繰り返す関係／熱しやすく冷めやすい2人／一目ぼれするものの継続性はない／険悪なムードが続く／既婚者からモテる／突然連絡がとれなくなる・会えなくなる／強引なアプローチは嫌われる	燃え上がる恋／熱烈アプローチを受ける／離婚・離縁ありだが円満／泣いたり笑ったりと吉凶混合だが絆が深まる／愛着がわく／ときには演技も必要／急速に進展する2人／結婚式は盛大に／新たな門出を迎える2人
お金・仕事	早とちりでミスが多発／自分の言動が相手の怒りを買う／相談する相手を間違える／ギャンブルにはまりやすい時期／一攫千金は狙わない／部下の育成を怠けると上司に叱られる／光が強ければ影も強まる／辛抱が必要	誰につくか今一度見直すと吉／小さな利益を生む／趣味にお金を使うといい／美術品に投資をすると思いがけない成果あり／才能を発揮できる／個性が輝く／最高のパフォーマンス／勝つためには戦う気力も必要
対人	良くも悪くも友達からの影響を受けやすい／ケンカをふっかけられる／カッとして八つ当たりして嫌われる／音信不通になる	温かい言葉をかけてあげることが吉／一致団結して何かを成し遂げる／互いに励まし合う・ほめ合う／いつも明るい対応が大切
心身の状態	眼病や目のトラブル／突発性難聴／発熱／鈍痛が続く／皮膚炎や湿疹／ヘルペスや帯状疱疹／脳の異常が見つかる／気圧性の頭痛／熱病／あせも	ミネラルをしっかり摂取すると吉／辛いものを食べて身体にたまった熱をとる／泣くとストレス発散につながる／カラオケで歌うと健康運アップ
その他	火事・火遊びに注意／キッチン周りをきれいにすると◎／荷物など無理に押し込むのはNG／牝牛のように従順に従わないと運気下降	芸術・音楽・演劇を楽しむと吉／急速に願いが叶う／貴石・宝石を身につけると◎／明るくゴージャスな装いが吉／旅は南国が吉

31
たくざんかん
沢山咸

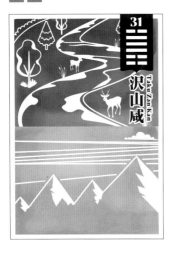

調和

相性が良い、和合、助け合う、影響されやすい、和解、
感応、結婚、出産、感謝、出会い

互いの気持ちが通じ合う

陰陽が互いに寄り添っていることから、天地が合わさって男女（夫婦）ができ、子どもができる和合の卦と言われています。沢の水が山の上から下に流れていき、「咸」は願いが叶うという意味から、互いの相性が良く調和が生まれている関係性です。男女（夫婦）に限らず、子弟関係、身分の上下、秩序とも見立てられます。この卦が出たときは私利私欲や焦りは抑え、フィーリングを大切にしましょう。

	陰	陽
恋愛	駆け引きをすると嫌われる／迷いがあると逃げられる／相手を信用していない行動や言動は別離を招く／浮気心がわき上がる／自分のほうが愛されていると思い込むのはNG／スピード離婚／性の不一致／中途半端な関係	両思い／あなたの気持ちが相手に通じる／互いに思い合う／意気投合した友達と恋愛へ進展する可能性あり／2人の関係性がグッと深まる／遠距離でも心は通じ合う／ワケあり恋愛でも相手を信じることが吉／スピード結婚
お金・仕事	周囲に流されやすいとき／決断力のなさが仕事運を下げる／相手に好かれようと金銭面でも尽くす／几帳面すぎると嫌われる／異性間の仕事トラブル／速やかに処理をせずに後回しにしているとツケがくる／腰が重いと損をする	即断即決が大事／あなたのスキルを活かせる職場が見つかる／相性のいい人との仕事／金運に恵まれる／収入支出のバランス良し／思わぬ評価を得る／チャンスが多方面からやってくる／行動力がカギ／転職は吉／起業チャンス
対人	友達の意見に流されやすい／気遣い不足で相手が離れる／友達の誘いに乗って失敗する／私利私欲で動くと嫌われる／えこひいきはNG	フィーリングの合う友達／好感度が高まり仲間が増える／互いの関係に良い変化が訪れる／理論よりも感情や感覚を優先した対話が吉
心身の状態	伝染病・感染症に注意／生殖器・性病など陰部の病／足がつる・こむらがえり／季節の変わり目に引く風邪に注意／症状は軽め	安静にすごすことで回復が早くなる／思いきって転院が吉／セカンドオピニオン／奇跡的な回復／誤診／いい相談者や医者に恵まれる
その他	誘惑が多いので流されないように／欲に振り回されると本末転倒／情報や噂に翻弄される／自主性がなくなると運気が味方しない	引っ越し先に恵まれる／運は足で稼ぐ／よく歩くと吉／直感で失くし物が見つかる／スピリチュアル・第六感が冴える

32

らいふうこう
雷風恒

継 続

慣れ、退屈、恒常性、現状維持、マンネリ、日常、
積み重ね、変わらない、動じない

粘り強く
継続すること

「恒」は夜空を見上げれば常に星があるように、変わらない物事を表しています。恒常性を維持することは簡単なようで実は難しいことです。人は進化する生き物ですから、変わらない道や時間が退屈で仕方ありません。しかし、変わらずに継続することで、いつのまにか良い形に変化していることもあります。マンネリな生活をしているとつい変化を求めがちですが、今は現状を維持することが運気を良くするカギです。

	陰	陽
恋愛	安易に関係をもつとだまされる／出会いに恵まれない／互いの関係性に波風を立てると悪い方向へ／浮気・不倫をするとすぐバレる／関係性にあぐらをかいていると相手に嫌われる／マンネリ期が長いカップル／長い同棲生活	現状維持が吉／心温まるパートナーシップ／変化よりも見守る姿勢が吉／互いにいい関係性を築けている／ベストパートナー／どんな変化があっても2人の意志は固く乗り越えられる／一途な恋愛／尊重し合う関係
お金・仕事	変化についていけない／おもしろみがないと不満を言うと見放される／転職・開業厳禁／完璧や理想を仕事に追い求めるとNG／当たり前のことができていない／ギャンブルや一発逆転は凶／あれもこれもと新しい挑戦をすると失敗	ルーティンワークをきちんとこなす／やりたいことは先延ばしにしたほうが吉／退職したくても今は辛抱が必要／潮目が変わるタイミングを待つ／無理のない貯蓄や資産運用が吉／小銭貯金／予習よりも復習／定時で帰る
対人	人に好かれようと変化を起こすのは凶／自分からしかけるとトラブルが起こる／隣の芝生は青く見える時期／友達の言葉に一喜一憂する	慣れ親しんだ友達との対話を楽しむと吉／人間関係で何が起きても動じない／背伸びせず自然体でいるといい／争いが収まる
心身の状態	変わったものや珍味を食べるとお腹を壊す／アンバランスな食生活／肝機能の低下／副腎の疲れ／慢性病／心配性でストレスフル	いつもの食生活を心がければ健康に問題ない／早寝早起き／お腹を冷やさないようにする／疲れを発散させるストレッチや温浴が吉
その他	肉親や兄弟など親しい人との別れ／苦手なことにチャレンジしない／親しくても礼儀が欠けると凶／退屈さに嫌気がさす	変わっていないように見えて微々たる変化は水面下で起きている／引っ越しはNG／部屋の片づけは吉／節約術を身につける／シンプルライフ

33

てんざんとん
天山遯

後退

逃げる、退去、隠れる、衰運、危機、早めの撤退、
運気の弱まり、隠す、身を引く

今は逃げるが
勝ちのとき

「遯」は退く、退避、撤退するという意味です。今ある状況から逃げたほうが、結果的に良くなることを暗示している卦です。逃げないで戦うことも大切ですが、この卦が出たときは別です。徐々に陰の気が増して運気が弱くなっていくので、新しいことに挑戦する時期ではありませんし、逃げずに何かにしがみつく必要もありません。これは一時的な撤退です。このカードが出た場合、何から逃げるのかも重要になります。

	陰	陽
恋愛	無計画な2人／結婚話を白紙に戻される／もう会わないと拒否される／着信拒否や既読スルー／別れを受け入れられないと相手から嫌われる／好きなのに別れないといけない環境／一時的な別れ／共依存で衰退する2人	今は会うよりも自分の時間を大切にすると吉／不倫を清算する／円満に離婚が成立する／いったん離れてみることで相手の良さが見えてくる／アプローチは控えめが◎／わかっていても今は相手を問いつめない／潔く身を引く
お金・仕事	礼儀が欠ける態度でトラブル／降格や異動／頼りになる上司や同僚が退職・異動する／仕事がはかどらない／お金・財布が盗まれる／周囲に迷惑をかける／にっちもさっちもいかない状況／厳しい環境におかれる／問題多発	静観することで客観的な気づきがある／退職・転職の決断をする／早期退職／筋を通してから休職する／無駄遣いが減る／貯蓄が吉／節約術で金運アップ／勇気ある撤退が大切／嫌な予感がしたら早めに手を引く／挑戦しない
対人	友達とケンカ別れをする／深入りすると人間関係にトラブル発生／納得いかないことが起こる／家族間・内輪でのもめごとが大きくなる	友達と仲直りするためにもいったん距離をおく／相手の話・言い分を聞いてあげる／友達と別れがあってもまた再会のチャンスがある
心身の状態	元気がない／治療放棄／自己判断で薬をやめるのはNG／症状が出ているのに病院にいかない／治りにくい病・ケガ／精神不安定／我慢しない	遠方の病院が吉／早い治療で快癒／保身を意識してストレス解消／今は嫌なことから逃げたほうがストレス軽減につながる
その他	引っ越し・住居探しの苦労あり／既存の住まいでトラブル発生／こだわりすぎると運に見放される／詐欺・強盗に注意／故郷を離れる	質素倹約／おとなしく撤退する／いいわけをしない／長期・遠距離旅行は吉／非日常に身をおく／忖度はしない／後を追わない

34

らいてんたいそう

雷天大壮

基本のKEYWORD

高まり

勢い、猪突猛進、興奮、意気込む、栄える、突破、盛ん、
強引、勇敢、裏表のない

見切り発車に気をつけて

　天空で雷が鳴り響いている状態で陽気が高まっています。「さあ行くぞ！」と意気込んで突っ走ると、とんでもない方向へ。運気は栄えているので勢いはいいですが、興奮しすぎると失敗につながることもあるので注意が必要です。「大壮」は見切り発車ではなく、大人の対応で冷静に進めば願いが叶うという意味です。良いことを一瞬で終わらせるのではなく、できるだけ継続させるような行動を心がけましょう。

	陰	陽
恋愛	相手の状況を考えずに欲望を押しつけると凶／押せ押せだと嫌われる／自分だけが舞い上がっている／わがますぎる／今が良ければという発想はNG／思い込みが激しい／両思いになってもすぐ別れる／落とし穴あり	スピード結婚／ときには勢いが大切なことも／急速に進展中の2人／若さゆえの恋愛／互いの感情をコントロールしながらつき合うと吉／ドライブデートが吉／アプローチはストレートに／クールさが逆に魅力的にうつる
お金・仕事	良かれと思ってしたことが誤解を招き意気消沈／良いことがあっても浮かれると失敗へ／周囲に無理強いをしない／衝動買い／お金が貯まらない／実力がともなわないのに自信だけある／上から目線の態度は気をつけて	転職にとても適している時期／慎重に物事を進めていけばOK／大人な対応で仕事を進めれば成功へ／興味本位で独立や起業はNG／金運良好／あいさつをしっかりとすると好印象／メールにすぐ返信すると仕事運向上
対人	飽きがくる／自信過剰が原因で人が離れる／裏表がない／思ったことを口にすると相手を傷つける／相手の予定を考えない	意気投合する友達との出会い／趣味を通しての出会い／パーティー・飲み会などで盛り上がる／偽りのない態度で信頼が深まる
心身の状態	思い込みや早とちりで病が悪化する／短気・イライラが心身に負担をかける／高血圧／のぼせ／貧血・気絶／皮膚のかゆみ	異常に早く気づいて病院を受診すれば◎／定期健診で良い結果／つまりがとれる／エネルギー発散にジョギングや身体を動かすのが吉
その他	交通機関の遅延で予定が狂う／車の運転は慎重に／この時期に高望みするのは厳禁／転居は控える／最初は良くても途中から思わぬ失敗	繁華街に出かけると吉／短期の旅行は良い／勢いに乗りつつも計画や準備はしっかりと／勢いをコントロールすれば吉

35 火地晋
（か　ち　しん）

 基本のKEYWORD

夜明け

順調に進む、進展、意欲、明るい、運気上昇、
スタートライン、大吉、繁栄、うまくいく

積極的に前に進みましょう

「晋」は進む、日が昇る状態を表し、運気が良い方向へと進むことや、チャンスが到来していることを示しています。苦労が去ってようやく運気上昇へ向かうので、じっとしているのはもったいない時期です。この卦は災難とはほぼ無縁ですから、安心して進みなさい、と伝えています。しかし、まだ日は昇ったばかりですから、すべてはこれから始まることを意味します。丁寧に進むことで必ず明るい未来があります。

	陰	陽
恋愛	始まったばかりの恋に躊躇すると凶／チャンスを活かせるほど気力が追いつかない／過去に未練があり前に進めない／自分とは正反対の相手に戸惑う／行方をくらます／行動をしないことでチャンスを逃す／浮ついた心がバレる	遊びだったはずが本気になる2人／同棲を始める／結婚したい思いを伝えると応えてくれる／愛されていると実感できる恋愛／苦難を乗り越えた2人にいい展開／曖昧模糊な関係性に結果が出る／たくさんの出会いのチャンス
お金・仕事	協力してくれた相手に礼節が欠けると凶／苦労話をひけらかすのは厳禁／コミュニケーション不足でうまくいってた仕事が頓挫する／変なこだわりでプロジェクトがストップ／強引に進めるのはNG／求められているのに押しつけられた感	明るいうちに仕事を終わらせると吉／支えてくれるパートナーに感謝／プレゼントをすると吉／思いもよらない臨時収入／投資がうまくいく／努力や苦労が報われる結果／満足いく仕事／転職・開業に適している
対人	不愉快な言動は禁物／準備不足・勉強不足で相手に迷惑をかける／互いの問題がなかなか解決しない／関係解消に向かう	同志やともに打ち勝つ努力をしてきた仲間／仲たがいしたが仲直りできる／周囲といい関係を築いておくことで未来につながる
心身の状態	日光アレルギー・熱中症・日射病に注意／心臓病などの心臓疾患／頭に血がのぼりやすい／発熱・だるさを感じる／PMSや生理痛がひどい	快方に向かう／心が晴々する／予防接種・予防医療は吉／徐々に体調は良くなっていく／太陽の光を浴びながら散歩をすると吉
その他	今は良くても運気はやがて下降に向かう／運気がいいと調子に乗るのはNG／説教は凶／隠しごとや後ろめたいことが明るみに出る	新規事業を始める／新築物件とご縁がある／朗報が舞い込む／旅行は吉／ジンギスカン料理にツキ／幸運が引き寄せられてくる

36

地火明夷
<ruby>地<rt>ち</rt>火<rt>か</rt>明<rt>めい</rt>夷<rt>い</rt></ruby>

36 地火明夷 Chi Ka Mei

隠れる

運気低迷、強情禁物、忍耐必須、おとなしい、無視、
無意味、誤解、受け入れてもらえない

目立たないように すごす

「明夷」は明るさが減されるという意味です。地の下に火があり、輝く太陽が沈んでしまったような状況を表すことから夜の卦と言われています。太陽が沈んでしまえば見通しが暗く、やみくもに進めば転んでしまいます。とはいえ、悪い運気がずっと続くことはないので、夜明けがくるまで辛抱強くいるといいでしょう。この卦が出たときに目立つ行動をするとすべて悪い方向へと進みます。とにかくおとなしくすごしてください。

	陰	陽
恋愛	一か八かの勝負に出ると負ける・別れる／相手を誤解させる言動や態度／怒りっぽく悲観的になりやすいので相手を振り回す／愛想をつかされる／だまされる／自ら積極的に動いても実らない恋／急いで結論を出すと失恋	相手に反論しない／傍観が吉／今はそっとしておく／会うことは避けたほうがいい時期／縁談が進んでいてもいったんストップが◎／相応しいのか要検討／熟さないうちに別れたほうがいい関係／今は誤解を解こうとしないで
お金・仕事	実力がないわけではなく今は何をやっても発揮できない環境／貧乏くじを引く／金銭的苦労がある／自分のせいにされる／条件が合わない／同僚の裏切りに合う／左遷される／目立つと足を引っ張られる／計算の甘さ	今はおとなしくすること／研究や没頭できることを見つけると吉／お金をできるだけ使わない／質素倹約な生活が吉／夜に集中力が上がる／残業／バカにされても耐える／敵視されても相手にしないこと／言われたことを忠実にこなすと◎
対人	友達に無視される／嫌がらせを受けて気持ちが沈む／人間不信に陥る／うそをついていないのにうそつき呼ばわりされる／誤解される	傷をなめ合う関係性は解消を／自分をさげすむことはやめて／今は誰とも会わずにすごす／文章や証拠を残さない
心身の状態	外よりも内出血や臓器の病気に注意／視力低下／緑内障や白内障など目の病気／移植／健康系の詐欺に気をつけて／美容整形の失敗	医学の進歩を信じる／睡眠の質を上げると吉／夜更かしは厳禁／眼鏡のつくり直し／暗いところで本やスマホを見ない
その他	自分には価値がないという思い込みが強くなりがち／さびしさから手を出すとだまされる／旅行や転居はNG／今は目立たないで隠れて	光が閉ざされても希望はもって／屋内作業にツキ／部屋のクローゼットや引き出しの掃除は吉／大きな決断はしない／浪人生活・留年

37
風火家人
ふうかかじん

家族

憩い、家族団らん、夫婦、実家、良妻賢母、家庭的、
質素堅実、節約、家守、保護、内側

内助の功を
発揮して安泰

「家人」は家族であり、家を守る人＝女性という意味があります。女は家を守り（火を守る）、男は狩りに行くという古来の風習から、女性の役割を表します。外よりも内側に目を向け、内部の充実をはかる卦です。人間は1人で生きていくことはできません。家族、夫婦、親しい人の助けがあってこそ成り立つということを忘れてはなりません。また、この卦が出たときは引っ越しやリフォームなど家を整えると吉です。

	陰	陽
恋愛	互いの家族が結婚・交際に反対する／男女逆転／ダブル不倫／愛のないつき合いが続く／偽装結婚・偽装家族・仮面夫婦／日常生活のだらしなさがたたり嫌われる／家族を大事にしないで遊びほうける／無責任な男女	互いの役割分担を明確にすると吉／困ったときは素直に相手に頼ると仲が深まる／女性主導で結婚話を進めると◎／相思相愛で穏やかな状態／家庭円満／家族問題があれば今解決したほうがいい／助け合える関係性
お金・仕事	営業や外出の多い仕事は合わない／和を乱す行為はトラブルのもと／お人よしはNG／お金を貸すと返ってこない／同情すると厄介事に巻き込まれる／チームワークがとれない／新しい職場になじめない／拡大や拡張は凶	家でできる趣味が仕事にもつながる／通信教育／リモートワーク／家具や家電を買うと金運に良い／フリーランス／堅実な習い事への投資／差し入れ／困ったらすぐに相談すると円滑に／協調・協力を意識する／料理教室に通い始めると吉
対人	無責任な言動で友達が離れる／まとまりのない仲間／しがらみの多い家族関係／けじめのつかない関係性／家族間でも礼節を大切に	生前贈与・遺産相続／家業を継ぐ／グループ活動が吉／互いの親族を交えた交流／誕生日会／外より室内で遊ぶ／SNSやネットでの出会い
心身の状態	母体の健康に注意／過労で倒れる／精力減退／生理不順・PMS・更年期など婦人科系の病／腫れ物／手足のしびれ	家族の健康管理を重視／母の手料理を食べると◎／安産／東洋医学を取り入れた療養／赤い食べ物をたくさん食べると吉
その他	部屋が汚い／ゴミをためると運気が下がる／実家や家族をかえりみない行動はNG／転居は凶／何でも親のせいにしない	室内リフォームや模様替え吉／風水家相を取り入れる／家庭的／保育・出産／キッチン周りの整理整頓が吉／ホテルステイ

38

火沢睽（か　たくけい）

38
火沢睽
Kataku Kei

基本の KEYWORD

衝突

相性が悪い、そりが合わない、反対、反発、錯覚、
家庭不和、まとまりがない、食い違い

こんなはずでは
なかったという事態

「睽」には背くという意味があります。火と沢の水が
交わらないように、互いに背を向けている状態です。そ
のためこの卦は嫁と姑が互いに背き、違う道を歩んでい
る状況も表します。ただし「沢」には恵みや喜びという
意味もあるので、学びの相手ともとれます。相容れない
相手とこそ力を合わせると良い結果が出ることもあるで
しょう。反面、歩み寄ったのに「こんなはずではなかっ
た」と後悔することもありそうです。

	陰	陽
恋愛	つき合ってみたらとんでもない相手／社内恋愛は凶／一筋縄ではいかない関係性／ケンカが絶えないカップル／互いの違いを認め合えない／ライバルが多い／嫁姑問題／相性が悪い／家庭の事情で別れる2人／破局に向かう	性格が正反対だからこそ補い合える関係／家と家の結婚／国際結婚／ケンカをしても関係改善のために原因を追及し反省する／第三者を交えて話し合うと吉／ぶつかり合うことを怖がらない／完璧を求め合わない／価値観の違いを認める
お金・仕事	仕事が思うように進まない／チームのなかにいい顔をした悪魔が潜んでいる／格差を感じて劣等感／勢力争いに巻き込まれる／部下が反抗的で手におえない／ケチくさい／財産を貯め込む／思ったよりも収入が得られない仕事	そりが合わない相手からスキルを学ぶ／ライバルがいたほうが覇気は出る／時間をかけて和解へ／苦手な人とタッグを組むとおもしろい展開に／金運に期待をしないほうがいい時期／お誘いはできるだけ断らないほうが吉
対人	相手に完璧を求めすぎると嫌われる／相容れない家族問題／疎遠・絶縁／不満がたまる関係／メリットのない相手／人間関係の悪化	敵対意識をもっていた相手と仲良くなる／いい加減な態度は厳禁／相手に譲歩する／相手の会話ペースに合わせて話すと吉
心身の状態	急病・救急搬送／医療ミス／カウンセラーと相性が悪い／病院から拒否される／夢遊病／毒・冷えからくる水毒／咳が止まらない	咳や喘息の治療をしっかりと／悪寒がしたらすぐに病院へ／親の介護・看病をする／許す心を大切にするとストレスはたまらない
その他	価値観の違いはすぐに埋まらない／板挟みになりやすい／背信行為／とげとげしい関係性や態度／犬猿の仲／裏でこそこそするのはNG	住まいや環境を変える／転職を検討すると吉／早めの損切りが◎／自分がすべて正しいとは限らない／コントラストの強いファッションやメイク吉

39

すいざんけん
水山蹇

妨害

危険、困難、憂鬱、通れない、八方塞がり、障害、
傷つく、苦労が多い、低姿勢、愚かさ

つらいときですが
乗り越えましょう

「蹇」は滞る、足が自由に動かなくなる、という意味です。この卦は冬の険しい山も表します。苦労して山を越えた先に荒波の海が広がり、あなたの行き手をふさぐような困難があるかもしれません。前へ進めず、立ちつくすしかないようなつらいときですが、潔くあきらめる、時期を改めることも検討してみましょう。また、1人で抱え込まずに、知識ある人や目上の人に頼ることをすすめている卦でもあります。

	陰	陽
恋愛	不和・ケンカばかりで解決しない関係／障害・問題が多い恋愛／どうにも結ばれない2人／さびしくて憂鬱／予期しない妨害で引き裂かれる／限界／別れ／相手から逃げ出したい／運に見放された2人／冷え切った関係	悲しみはいつか過ぎ去るもの／初心にかえると2人の関係性に変化が／今はご縁がない時期／自分磨きに励むと良い／ダメな相手なら潔くあきらめる／今はキープが吉／年上とのご縁あり／相談するのは◎／危険なにおいがする恋愛は避けて
お金・仕事	うまく運んでいても恐れが生まれやすい／職場がギスギスしてる／自分なんてどうせダメだとネガティブになりがち／システム障害・データが消失／条件が合わない転職や職場／お金が盗まれる／借金やキャッシングに注意	上司や先輩に頼ることで抜け道を見出せる／寄付をつのる／大金を持ち歩かない／無理に進めようとしない／これ以上無理だと感じたら退くこと／退職届はまだ出さないほうが無難／組織のために献身的に尽力すると吉
対人	友達を救おうとするが自分も巻き込まれる／私情が入ると人間関係がもつれる／1人で解決できない問題／人を遠ざける態度	困っていると声をあげれば仲間が助けに来てくれる／出会ったばかりの頃の思い出を振り返る／年上の友達の協力を得る
心身の状態	歩行困難・車椅子生活・足のケガに注意／アレルギー・アナフィラキシーの症状／冷えによる病／膀胱炎を繰り返す／水下痢が続く	困難があっても救出はされる／栄養価の高いものを食べる／お酒や甘い飲料を減らすと健康に／リンパマッサージ・血流を良くするエステは吉
その他	パソコンの障害・破損／冷蔵庫が壊れやすい／印鑑や通帳を失くす／転居はNG／水漏れや雨漏りなどの水害／行ったり来たり	負けを認めたほうが解決が早い／低姿勢が大切になる／基盤や軸の見直し／住居の問題が出やすいが有識者に入ってもらうと良い

40

らいすいかい

雷水解

基本の KEYWORD

解 放

雪解け、解決、解消、和解、苦労が報われる、
水に流す、春の訪れ、いい別れ、始める

問題はしだいに解消していく

「雷」と「水」は春がやってくること、「解」は雪が解けていくことを表しています。今までの困難や苦しみから解放され、あなたの頑張りが認められる好機が到来するでしょう。緊張感やプレッシャーから解放され、気持ちに安心感が生まれます。さまざまなことが「解ける＝明るみに出る」ということでもあるので、安心しきって油断していたことが見つかってしまうこともあるでしょう。引き続き、努力は忘れないように。

	陰	陽
恋愛	友達関係に戻る恋愛／秘密が明るみに出る／本性を知ることになる／別れが突然やってくる／手のひらを返したように相手の態度が変わる／心変わり・浮気・不倫／ワケあり恋愛がバレる／努力をしなかった結果が出る	高嶺の花を手に入れる／互いに歩みより和解に至る／良い別れ・2人にとっての良い門出を迎える／さまざまな障害を乗り越えて実る恋／急展開を迎えて良い方向へ／あきらめずにアプローチを続けていたことが成就する
お金・仕事	プレッシャーから解放されるが怠け癖が抜けない／手を抜きすぎて失敗する／解雇を言い渡される／休みが多いとダメ出しされる／好きなことや趣味にお金を使いすぎる／交際費がかさむ／投げやりな態度は仕事運を下げる	積み重ねてきた努力が実る／評判が下がる前に早めの対処を／好機でも転職はまだするタイミングではない／危機感を常にもっていれば大丈夫／難しいと言われていた企画が通る／ちょっとしたボーナス／金運良好
対人	最近まで仲良くしていた友達から突然連絡がこなくなる／意思疎通がうまくいかない／あなたの失礼な態度で相手が怒る	離れたいと思っていた友達が自ら離れてくれる／良い形で関係性に大きな変化あり／人間関係の総入れ替えがありそう／新しい出会い
心身の状態	持病が悪化する／元気が出ない／回復したはずがまた再発する／転院・退院／風邪をこじらせる／油断していると転ぶ／肝臓や腎臓の病	ダイエットの成果が出る／徐々に治癒に向かう／長年の悩みや苦しみから解放される／難病が解決しやすい／カラーセラピーがおすすめ
その他	家具や家電が壊れる・外壁が崩れるなど家の災害あり／心が狭いと損する時期／良いことも悪いこともすべてが転じる結果となる	南西に利があるので積極的に出かけて／受験合格／あきらめた瞬間に手に入りやすい時期／旅行は吉だが転居は様子見

41

山沢損
さんたくそん

基本のKEYWORD

譲る

手放す、減る、差し出す、献身、与える、引き立てる、
損失、慈しむ、男女の卦

損得勘定なしで
相手に尽くす

「損」には損失の意味もありますが、自ら損を選ぶことで相手に得をさせるということも示します。貯めていたものをあえて減らす、手放す、つまり損を得ることで流れが良くなると考えてみましょう。例えば食べ物を分け合うときに自分の取り分を小さくすることで相手に得をもたらし、徳を積むようなものです。一見するとネガティブですが「吉」です。また、仲睦まじく支え合う男女を表す卦でもあるため、恋愛で出ると大吉です。

	陰	陽
恋愛	損得勘定でつき合うと痛い目に合う／相手を幻滅させる行動／自分だけ得をしようとするずる賢さは禁物／傷をなめ合う2人／トラウマ／因縁深い相手／見返りを求める恋愛は凶／捨てられないかと相手の機嫌をうかがう	周囲がうらやましがる2人／相手を引き立てると仲が深まる／おしどり夫婦／一番の理解者に出会う／思いやる夫婦／純粋・プラトニックな恋愛／手放すことでさらに良い出会いあり／誰にも邪魔されない深い結びつき
お金・仕事	計算高いと思われる／金銭面での損失／投資・株の失敗／お金を貯め込みケチなのは凶／ぶっきらぼうな態度で周囲に迷惑をかける／意地を張ると嫌われる／変なプライドをもたない／何度も同じミスをおかす／苦しい立場	どんな人でも立ててあげると吉／困っている人がいたら仕事を手伝う／「負けるが勝ち」精神を大切に／今は順番を譲ってあげると良い／自分を知ってもらう機会や時間をつくってもらうと吉／第三者を介しての取り引きが良い
対人	気が大きくなると傲慢だと思われる／学びになる相手を拒否すると成長につながらない／自分の弱さを認めず相手の弱点ばかりつつく	価値観や感性が合わない人とあえてつき合ってみると吉／ケンカをしてもこちらのほうから歩み寄れば円満解決／助け合う精神を大切に
心身の状態	我慢のしすぎで息苦しい／便秘・腸閉塞／腰痛・ヘルニア・坐骨神経痛／つわりがひどい／栄養失調／食欲不振・減退／体重減少	補完療法を取り入れて回復へ／パワーフードを食べると吉／火を通した食べ物が良い／辛い食べ物は避けて／食生活改善で体調良好
その他	引っ越しや転職はNG／大切なものを失くしたら厄落としと考える／失敗やミスを恐れると運気ダウン／物を減らせない・手放せないと運気下降	お祓いに行くと吉／特殊技能の習得／譲り合うことを意識して／ボランティアや募金／不動産や車などの高額のものを買うと吉

ふうらいえき
風雷益

好転

利益、実り、充実、満足、商売繁盛、追い風、
ビッグチャンス、仕事運好調、協力者

追い風が
吹いている

「益」は心身ともに満たされ、豊かな実りがあること
を表します。「益々」というように良いことが増して追
い風が吹き、状況が好転することから、逆境からの一発
逆転も狙える状況です。商売をしている場合は、かなり
大きな利益が見込まれ、仕事運全体が順風満帆でしょう。
41番「山沢損」で損をとったからこそ、ここで益が生ま
れたとも言えます。この2つの陰と陽は切っても切れ
ない関係にあります。

	陰	陽
恋愛	1人で考え込むと恋愛運低下／金銭的な結びつきが強い2人／公私混同で愛が冷める／風の噂で不安になる／ライバルが増える／気分の浮き沈みが激しいと相手が離れる／チャンスが来ても優柔不断でいると逃す／横恋慕	運命的な出会い／芸能人や推しと会える／協力者のおかげで結ばれた2人／お見合いは良好／グループ交際が吉／積極的なアプローチが大切／互いの関係に追い風あり／こちらから打ち明ければ復縁も可／略奪愛の可能性大
お金・仕事	勢いだけ／過労ぎみ／関わる・取り引きする相手によっては不利益な方向も／生産性のない仕事／黒字が多いが課税も多い／入ってくるお金も多いが出ていくお金も多い／利益が集まるところには嫉妬も集まる／嫌味を言われる	仕事に追い風があり忙しくなる／想定していた以上の利益が生まれる／起業・開業・法人成りは吉／仕事運も最高潮／転職・異動願い可／希望通りの条件・好待遇／内勤よりも外営業が良い時期／金運爆上がり／不可欠な人材
対人	自慢話がすぎると友達にあきれられる／仕事に時間をとられて友達との仲が希薄になる／ひねくれるのはNG／優柔不断が続くと嫌われる	意気投合する友達と楽しい時間をすごせる／一緒に出かける・旅行に行くと吉／新しい友達を見つけるための新規開拓も◎
心身の状態	太りやすい／痛風・糖尿・高血圧に注意／血流が悪い／下肢静脈瘤／病気が悪化／悪い菌が増える／入院や手術で大きい出費	充実／休養も大切にすれば問題なし／いつも以上に心身の健康には気を使って／良い医者に恵まれる／土仕事や歩くことが健康につながる
その他	人気になるとアンチも増える／ついつい高望みしがち／感謝の心・言葉が足りないのはNG／人の悪口や噂を広めないように注意	船旅・海にまつわる旅行やレジャーが吉／すべてが計画通りに運ぶ／募金やボランティアは◎／手を差し伸べてくれる人がたくさんいる

43 沢天夬
たくてんかい

絶体絶命

予想外、裏切り、暗転、決断、決着、決意、えぐられる、
問題多発、ピンチ、不運

想定外の問題が
起こりそう

「夬」は「決」を意味します。決断、決意、決着など、起きている問題にけじめをつける必要があることを示す卦です。過去を掘り返したり、思い出すことで心がえぐられるような思いを経験するかもしれません。信じていた人に裏切られる、予想外のアクシデントに巻き込まれることもあるでしょう。陽爻がどっしりと下にあることから、足場をしっかりと固めて状況が好転するのを待つことも大切であることを説いています。

	陰	陽
恋愛	突然の別れ／裏切り行為／二面性がある相手／うまくいっていたのに問題が生じる／すぐには解決できない障害／不倫・浮気の場合は訴えられる可能性大／離婚裁判が長引く／パートナーとの死別を経験する／既婚者とわかる	あなたから別れを切り出すのではなく相手が別れてくれるよう仕向ける／嫉妬を向けられても今は相手にしないのが吉／何を言われても微動だにしないことで乗り越えられる／じっくりと関係性を深めて／欠点を直す
お金・仕事	報・連・相がうまくできず評価が下がる／力業で相手を言いくるめるのはNG／アイデアが奪われる・盗作される／収入が上がらないことでモヤモヤする／金運停滞／リストラに合う／勝ち目のない戦い／不平不満が多くなる	上司に何を言われても今はじっと耐える／初心に戻り基盤を固め直す／手を広げすぎないことが大切／成功しない原因・足りていないところを見極める／問題は起きても妥協はしない／決断は焦らない／中途半端にしない
対人	修復不可能な人間関係／思いがけない人から裏切られる／短所ばかりが目立つ／友達や親がなんとかしてくれると怠惰に	ポーカーフェイスが大切／相手の出方を見てから動くと◎／裏切られても追わないこと／自分が悪くなくても今は静観する
心身の状態	危篤・重篤・命に関わる病やケガに気をつけて／精神的な病が重なる／障害が残る病やケガ／発見しにくいところに病巣あり	足裏マッサージに通うと吉／自分は大丈夫と過信しないで健康診断へ／階段で転ぶ・つまずく／靴が合わない／モートン病に注意
その他	書類がらみの不備が出やすい／締め切りを守らない／約束を守れない／裁判になった場合は勝ち目がない／危険回避ができない	西や北西にご縁がある／自分より力ある人につくと吉／一歩下がって行動すればトラブルが最小限になる／引っ越しや転職はNG

44 天風姤
てんぷうこう

情報

力強いもの、打破、乗り越える、脅威に立ち向かう、
わだかまり、不快感、摩擦

思いがけない
出会いや情報

「姤」は出会い運に恵まれる意味ですが、土台に穴が空いていることから、非常に不安定で注意が必要な状態です。「天風」は情報や噂を表すため、情報に踊らされる、もしくはあなたの言動や周囲の言動によって振り回す、あるいは振り回される運勢にあります。予想外なことが起きやすいのですが、問題は人によって運ばれてくるという点に注目を。恋を占って出た場合、関係性を見直す必要があります。

	陰	陽
恋愛	厄介なことに巻き込まれる／誘惑に弱い／女難・男難／相手の良くない噂を耳にする／相手のプライベートをのぞき見してゲンナリ／どちらかが強すぎてバランスが悪い／尻に敷かれる／姉さん女房／まもなく別れが	出会い運良好／色気が増してモテる／玉の輿縁あり／マッチングアプリで良い出会い／バーやカフェなど飲食をともなう場所での出会い／突然・偶然の運命的な出会い／多少の異性問題は目をつむる／結婚は暗雲／短期恋愛
お金・仕事	金銭トラブルでもめる／過去にもめた人と偶然会いバツが悪い／強力なライバル登場／仕事を邪魔する人の出現／娯楽に逃避・浪費しすぎない／あと一歩で手が届かない／ちょっとしたミスが大きなトラブルを生む	企画を横取りされてもさらに良い企画を生み出せば評価される／万が一誤解を生む発言をしたらすぐに謝罪すること／うまい話には裏があると思って／おおらかな気持ちで仕事に臨む／転職・退職は勢いに任せてはNG
対人	三角関係のトラブルに巻き込まれる／八方美人でいると避けられる／誰に何を言ったかで問いつめられる／メールの文章に気をつけて	自分にはない知識をもった人との出会い／親睦を深める／新たな発見や旧友との再会／相談事を持ちかけられる／集まって談話
心身の状態	情報の出所がわからない健康情報に振り回されやすい／餅やゼリーなどでのどをつまらせる／声嗄れ／気管支炎／甲状腺の検査	時間とお金をかけてでも治す方向へ／女性は婦人科の定期健診を／清潔感を意識すると◎／避妊をしっかりと／美容・エステは吉
その他	感情的になると損をする／思ったことを口に出すと嫌われる／有象無象がよってくるので注意／盗難に注意／旅先でのトラブルあり	ハニートラップに気をつけて／ポジションを意識／魅力や色気が高まるので逆手にとるのも良い／専門性のある学問を学ぶと吉

45 沢地萃
たくちすい

基本のKEYWORD

集まる

繁栄、群がる、にぎやか、豪華、祭り、祭祀、儀式、食事、
供物、対立、犠牲、冠婚葬祭

いろいろなものや人が集まり繁栄

　沢と地はたくさんの物や人を表し、「萃」は集まる、繁るという意味があります。また、皆が集まって供物や生贄を神仏に捧げている祭祀の状況とも言われます。祭りはこの地上が豊かに栄えることを讃える儀式であり、私たちが幸せに暮らすための祈りでもあります。この卦が出たときは1人よりも大勢で集まって楽しむことが大切です。また、何か問題があれば皆で話し合うことによって解決するでしょう。

	陰	陽
恋愛	隙だらけで関係がバレやすい／目移りしやすい時期／1人の人に決めきれない悩み／不倫の代償をはらう／不純な交際がバレる／嫉妬心が強くなる・執着をもたれる／片思いが実らない／独りよがりな恋愛はNG	繁栄する2人／結婚式やお祝いごとは盛大に／出会いのチャンスがたくさんある／モテ期到来／祝福されるカップル／一緒にいて安心する人と出会う／けじめをつける／喜びに満ちた日々をすごす2人／プレゼントをし合う
お金・仕事	注意散漫／心があれもこれもとブレやすく一定しない／賞賛されると同時に嫉妬もされる／集団行動が苦手／たくさんの意見をまとめるのに苦労／人が増えることで競争が激化する／仕事で対立し合う・意見が分かれる	人材育成／イベントやプロモーションと縁あり／手土産を忘れずに持参すると◎／1人で抱え込まずに誰かの手を借りる／ハイリスク・ハイリターン／団結力を大切に／転職は吉／お金が集まる／たくさんの人に賞賛される
対人	精神性が幼い人とのつき合いはNG／一緒にいて運気が下がる相手とは距離をとって／やっかみを受ける／根も葉もない噂を立てられる	友達の輪が広がる／クラブ活動で出会いが広がる／あなたを求めていろいろな人が集う／パーティーやイベントを開いて交友関係を広げる
心身の状態	恐怖心が大きくなり悩みが多くなる／のぼせ・お風呂での事故に注意／足を引っ張られる・転びやすい／円形脱毛症や皮膚疾患に悩まされる	人の紹介で良い医者に出会う／順調に回復／温泉や銭湯と縁あり／繁盛しているクリニックに通うと吉／クチコミを参考に病院を探す
その他	魑魅魍魎・良いも悪いも集まる／頼りにされやすいため取捨選択が重要に／失くし物を見つけるのは困難／満員電車／盗難に気をつける	ライブ・コンサート・イベント会場に行くと吉／神社仏閣・冠婚葬祭は◎／1人よりも団体旅行／パワースポットに行く／転居はNG

46 地風升（ちふうしょう）

成長

始まり、昇る、立身出世、一歩一歩着実に、芽生え、
運気上昇、成功に至る道、上昇

上へ上へと伸びていく

　上卦が大地（地）、下卦が木（風）を表し、「升」は上に伸びて成長することから、若木が大きく立派な木に育っていくさまを表します。上昇を示す卦の1つです。この卦が出たら理想に向かって進んでください。さえぎるものなく運が味方してくれるでしょう。しかし、何を植えても成長しない土もあるため、進む前に土台である基盤＝地をしっかりと着実に耕すことが成長につながるのだということを忘れてはいけません。

	陰	陽
恋愛	深い愛情はときに相手の負担となる／誰にも言えない悩みを抱える／意思疎通がうまくいかない2人／言葉の壁があり進展しない／期待はずれの相手／本命ではなくキープされる関係／一途ではない恋／共通点のない2人	会うたびに絆が深まる2人／長い春に結果が出る／互いに成長し支え合うカップル／結婚後もずっと仲の良い夫婦／都合のいい関係は清算するとプラス／国際結婚／互いの将来を真剣に考える時期／ともに楽しめる趣味／玉の輿に乗る
お金・仕事	成長につながらない職場／高望みは厳禁／期待しすぎて落胆する／思った以上の成果が得られず放棄／遅刻や締め切りを守れない／トラブルが多発／無心にお金をつぎ込む／ボーナスや臨時収入があってもすぐになくなる	あなたの頑張りが評価される／出世・昇進あり／やりたいことに向けて積極的に進む／新たなチャレンジ／新規事業／貿易や海外に関する仕事と縁あり／語学留学／転職大吉／右肩上がりで調子が良い／店長やリーダーに抜擢される
対人	協調性に欠ける／隣の芝生は青く見える／未熟者同士の言い争い／どんぐりの背比べ／計画や約束事が守ってもらえない・頓挫する	ともに成長し合える仲間／相手の意見をよく聞けば解決に向かう／のめり込める趣味や学問を一緒に始める／同じ目標をもつ仲間
心身の状態	消化器や腸の病気に注意／血液検査の結果が悪い／繊細で気が抜けないストレス／背骨・腰・首・ヘルニア／手足・顔面のしびれに注意	メリハリのある生活を心がける／気がかりだったが実際は大したことがなかった／おおらかさを心がけると◎／足にやさしい靴を新調
その他	近道はない／積み上げを放棄すると運気が下がる／焦ると伸びない／若さゆえの短気はトラブルを生む／未熟さを自覚する必要	綿密な旅行計画／転居・リフォーム吉／南の方角と縁あり／徐々に成長する／のびのびと子どもを育てる／農業と縁あり

47 沢水困
たくすいこん

低迷

困難、苦しみ、困窮、困りごと、邪魔が入る、不足、
干ばつ、水難、八方塞がり、失恋、別離

身動きが
とれない状況

　水が干上がった状態が続き、「困」は苦しみや困難を表します。「困」は木が囲いのなかにあることから成長が望めず、枯れていくことも意味します。卦のなかでもっとも困苦であり、非常に苦しい運気です。対策も助けもないため八方塞がりを感じるでしょう。気持ちが滅入り、未来に希望をもてない環境ですが、とにかく耐えるしかありません。自然災害によって被害を受ける場合もあるので注意が必要です。

	陰	陽
恋愛	恋人との別れ／どうにもならない関係に終止符を／苦しくさびしい恋愛／縁のない相手を追い求める／常に相手に嫌われるのではないかと不安／危険でリスクある恋愛／不倫相手から別れを告げられる／だらけている2人	先行きが不安でも今は静観／八つ当たりをされても黙っていたほうが関係性は続く／結婚は延期したほうがいい時期／進むことも引くこともできないので別のことに目を向ける／おうちデートが吉／周囲の反対にあうが今は無理せず様子を見る
お金・仕事	職場や仕事から逃げたくなるような状況／お金に困窮する／自己破産・借金／問題が起きても解決の糸口が見つからない／発言が正しくても今は誰も耳を傾けない／後悔の多い職場・転職／無理難題ばかりで疲れる	根本を見直す必要がある／黙って言うことを聞いたほうが良い／もっとも安いものを選ぶようにすれば金運を下げない／赤字が続くが今は耐える／下手に動くと墓穴を掘る／困っても今は誰にも相談をしないほうが良い
対人	関係性が非常に悪くなる／苦しみから早く脱出するために友達に頼っても冷たくされる／誰も信じてくれない／裏切りにあう	手のひらを返されても動じない／何を言われても感情的に反論しない／沈黙がもっとも効果的／年下や後輩から助けられる可能性あり
心身の状態	のどの渇き・嗄れ／アトピー・乾癬など乾燥からくる皮膚炎／やせ細る／しわやシミ／原因不明の身体の不調／抜け毛・脱毛	たんぱく質をこまめにとる／水分補給／保湿重視／東洋医学の食養生を取り入れる／むくみをとるマッサージが◎／胃腸にやさしい食事
その他	食器・ガラス・窓ガラスなどが割れる／台風や浸水など水害に注意／不動産や車など大きい買い物は損益が大きい／押し売りに合う	空き家問題／環境破壊／水不足／もがくほど深みにはまるので耐えること／炎上してもそのうち鎮静に向かう／生活苦でも救いはある

48 水風井
すいふうせい

循環

見直し、アフターケア、安定、穏やかさ、繰り返す、
日常、感謝、ルーティン、扶養

当たり前の
大切さに気がつく

風は木を表し、木の根が水を吸い上げているさま、「井」は井戸を意味します。まるで木の根から水がわき出ている真名井（天界の井戸）のようです。生きるためには水が不可欠であり、井戸には常に水がたまっています。水は当たり前にあるように見えますが、自分に必要な分だけをもらって、欲張らないことが大切です。そして移り変わりのない環境であっても無事にすごせている、生かされていることに感謝しましょう。

	陰	陽
恋愛	愛情の形や重さをはかる不毛なカップル／可もなく不可もない／つまらない関係／マンネリぎみ／安定しているのに刺激を求める／疑心暗鬼になる／現状に満足できず浮気や不倫に走る／家庭と外で二面性がある／相手に甘えすぎる	安定期を迎えたカップル／平穏無事にすごす夫婦／あなたを活かす相手／地味に見えるが堅実な相手／同棲が長い2人・事実婚状態／今は恋人よりも友達でいたほうが良い／現状維持が吉／切っても切れないカップル・夫婦
お金・仕事	根本的なことができないのに高望みしてはNG／転職で飛躍を望むのは難しい／一方通行が多くなる／コミュニケーション不足からくるトラブル／安定にあぐらをかく・怠けるのは凶／生活の乱れは仕事運を下げる／節約生活が吉	与えられた仕事を淡々とこなす／仕事環境がとても良い・安定している／金運安定／ポイントの有効活用／小さな願いは叶いやすい時期／資格取得や勉強に集中すると良い／リクエストや多く望むことを控えれば評価が上がる
対人	でしゃばりは敬遠される／心に余裕がないと相手にも伝わる／退屈すぎて一緒にいるのがつらい／腐れ縁／相手を軽んじると嫌われる	刺激がなくても安定した関係に満足すると◎／しかたなくつき合うことも大切／学生時代の旧友・幼馴染みとの時間をすごすと良い
心身の状態	気管支炎などの呼吸器疾患／生活の不摂生に気をつけて／生活習慣病／むくみや腫れ物／水太りしやすい／自分のことで精いっぱい	腹八分目を心がける／清く澄んだ水を飲む／早寝早起き／バランスの良い食事／休息を心がける／深呼吸／料理を学ぶ／感謝していただく
その他	当たり前にある環境に愚痴が多い人は損をする／恵まれた状況に気づけない／自己中心的な思想はNG／新しいことは始めない	転居はNG／生活維持のための改築良し／小旅行は幸運／実家や故郷に帰ると吉／結果を出さなくても良い／古いしきたりと相性が良い

49
沢火革
たく　か　かく

改革

革新、大きな変化、決断、選択、転機、引っ越し、
ぶつかり合う、心機一転、新旧交代

急激な変化に
対応しましょう

　「革」は革命・変革のこと。そして沢は五行で金を表し、金を火であぶることで形が変容することから、これから大きな変化がやってくることを意味します。また火と水は対立する環境を表し、特に男女のトラブル・変化が起こるとも言えます。吉凶どちらにも転ぶので、今ある状況が悪い場合は良い方向へ、良い場合は悪い方向へと進むでしょう。どちらにしても今、まさに改革のときを迎えているということを表しています。

	陰	陽
恋愛	不貞が発覚／突然の別れ／意見が衝突してケンカ／価値観の相違で別れる／とっかえひっかえ／改善してもらちが明かない2人／環境の変化によって別れる／予想外の展開に振り回される／心変わりする2人／複数の交際	ケンカすることで仲が深まる／雷が落ちたように惹かれ合う／あきらめかけていたが進展する／復縁が叶う／環境の変化で運命的な出会い／不倫・浮気相手が別れてくれる／離婚によっていい方向へ／駆け引きを積極的にすると吉
お金・仕事	不当な処分／内定取り消し／思わぬ異動／会社の移転／家庭環境の変化で転職を余儀なくされる／うまくいっていたものの横やりが入り頓挫する／突然の出費／職を失い放浪／努力をしても無駄に終わる仕事／減給／パワハラ	お金の使い方を見直す／家計簿をつけ始めると金運アップ／面接で実力発揮／企画・アイデアが思い浮かぶ／商品開発と縁あり／奇想天外な発想がブレイク／ハプニングに対する備えがパフォーマンスに直結する
対人	うまい話をもってくる友達には要注意／計画性のない友達のせいで破綻／意見がぶつかりやすい／友達に誹謗中傷をしてくる人がいる	環境の変化で新しく出会う友達／もつれた人間関係はいったんリセット／友達との約束に急な変更があっても慌てずに対処すれば良し
心身の状態	急激に悪化する／緊急性の高い症状／角質がたまりやすい・ニキビ・肌荒れ／躁うつ傾向／ホルモンバランスの乱れ／ストレス性の白髪	日光浴で気分転換／デトックスをメインとした食生活／クレンジングや洗顔をこまめにすると◎／医者・クリニックを変える
その他	白紙に戻る／思いもよらない環境や状況を経験する／人生で一度経験するかしないかの出来事／挫折を味わう／態度が豹変する	スピード重視／引っ越し・リフォームは吉／試験では実力発揮／反対運動・デモ／衝突や変化を怖がらない／状況好転へ向かう

50 火風鼎

<ruby>火風鼎<rt>か ふう てい</rt></ruby>

基本のKEYWORD

支え

協力、新しい体制、バランス、三角関係、協力、
徳を積む、神聖、もてなす、情報交換

1人で抱え込まず
味方に頼る

　風は木に火をつけ、「鼎」は神事や儀式に使う三本足
のお鍋や香炉を表します。じっくりと煮詰めることで、
味や形に変化が出て料理が完成していくさまから、物事
がゆっくりといい方向へ向かいます。この卦が出たら「三
人寄れば文殊の知恵」と考えましょう。1人で取り組む
より周囲の人の協力を得ながら進めていくことが大切で
す。また、新しい意見や視点を取り入れることの必要性
も意味しています。

	陰	陽
恋愛	1人で悩んでいては可能性が閉ざされる／こだわりすぎると相手が離れていく／もっと良い人がいるかもと貪欲になると損をする／神頼みしすぎて現実逃避／三角関係／修羅場あり／行き詰まったカップル・夫婦／相手についていけない	年上・富裕層との出会い／食を介しての出会い／グループ交際／パーティーに縁あり／愛が深まる2人／ゆっくりと愛を育む／焦らないことで進展／支え合う2人／おいしいものを一緒に食べに行くと仲が深まる／マメに連絡がくる
お金・仕事	新しい体制になじめない／上層部の人と仲良くしていると目の敵にされる／キャリアアップ・転職を焦ると凶／相手に任せっぱなしはNG／非協力的だと嫌われる／誘惑に負けて貯金できない／お金の管理が行き届かなくなる	新規事業の開拓／お得意様にプレゼントすると円満／上司や目上の人に引き立てられて仕事が円滑に／接待交際費は惜しまずに使うと◎／料理や食に関する仕事は吉／収入アップ・臨時ボーナス／上司が変わり良くなる／権力者に気に入られる
対人	アドバイスを聞き入れずに行動し和を乱す／娯楽や遊びに調子に乗りすぎてトラブル発生／チームメイトとうまくいかない	仲間と飲み会をするのが◎／お誕生日や祝いごとを率先して計画／仲間意識が強くなる／知恵を出し合って問題を解決できる／賢い友達との出会い
心身の状態	食べすぎ・飲みすぎ注意／胃腸炎・逆流性食道炎・過敏性腸症候群・食中毒／落ち着きがない／不眠症／胃腸の不快感と炎症	医食同源の中華料理は吉／生ものは避けたい／身体をあたためる胃にやさしい料理／南または南東にあるクリニックに縁あり
その他	宝石や貴金属類を失くしやすい／独学や自己流はNG／浮ついた心に用心／ケチると損する／何事も疑ってかからないこと／無礼厳禁	キッチンのリフォームや食器・鍋などの整理は吉／神社仏閣に出かける／お墓参りや実家に帰省／地域の長老や祖父母の意見を大切に

51 震為雷
しん　い　らい

驚き

電撃、想定外、揺れる、突然、アクシデント、事故、
衝撃、恐れ、騒がしい、ショック

青天の霹靂のような出来事

「震」は龍の意味がありますが、「雷」が2つ重なっていることから非常に激しく雷が鳴る状況を表しています。雷が突然鳴りだし、地上に恵みの雨をもたらして何事もなかったように去っていくように、一時的に想定外なことは起きますが、すぐに解決に向かいます。つまり、無理をせずに冷静な行動をとることが大切です。最初に苦労があってもすぐに幸福が舞い込んでくるので、物事は吉凶混合の様相でしょう。

	陰	陽
恋愛	相手の煮え切らない態度にイライラする／好きな人に逃げられる／誤解を招く行動や態度をしがち／連絡を断ち切られる／周囲が驚く相手との交際／一方だけが熱くなっている／欲求不満／暴走しがちな恋愛／短期間交際	失恋してもまたすぐ次の出会いがある／電撃結婚／復縁が成就しやすい／再婚・離婚経験が生きる／2人の関係に文句を言う人が出ても気にしない／すぐに結婚や結果を求めなければ◎／共通点が多く驚く／とっさの判断で修復へ
お金・仕事	行ったり来たりと忙しい／仕事が重なり疲労困憊／イレギュラーな対応を命じられる／仕事から逃げても評価が下がるだけ／目まぐるしい日々で思考が追いつかない／気が動転するようなアクシデント／思わぬミス	急かさないように努める／行き違いがあればすぐに対処すれば◎／忘れっぽくなるのでメモに残す／データのバックアップをしっかりと残す／主に電気の節約を意識すれば金運良好／言動やメール文に気をつける
対人	くっついたり離れたりと縁が一定しない／友達と友達にはさまれて嫌な思いをする／一時的な離縁／油断できない人間関係	今は不仲でもまもなく和解する／ともに勉強に励むと吉／進路が同じ2人／活発で行動力ある友達と縁あり／よくしゃべる2人
心身の状態	手足・声のふるえ／イライラ／怒りっぽくなる／人やものがぶつかってくる／不眠症や夢遊病／繰り返す病／高血圧やのぼせに注意	この時期は精神的なケアを大切に／鎮静作用のあるアロマテラピー／階段での運動がおすすめ／病やケガがあっても軽度ですむ／深呼吸が効果的
その他	騒音問題／ショックを受けるようなことが起こる／強烈な怒りが生じやすい／一発屋／トラウマ／インパクト／エキセントリック	コンサートやライブ・音楽と縁あり／方角は東が吉／大きな災難が起きても慎重に／花火を見に行くと吉／大胆／移転・転居可

52

艮為山
ごんいざん
Gon I Zan

休息

期待しない、無欲、停止、時間がかかる、不動、我慢、
耐久、いったん休む、沈黙、閉塞感

成長につながる 休息期間

「艮」は山を表します。山は不動ですから、留める、止まるという意味です。しかし、まったく動きがないように見えても、風が吹けば木はそよぎ、雨が降れば土が流れ、季節が変われば色合いにも変化があります。今は自分のいるべき場所を守り、次のステップに向けて休憩をとりましょう。この卦が出たときに無理をすると体力が尽きるか、トラブルが発生して結局のところ思い通りには進めません。

	陰	陽
恋愛	停滞している恋愛／欲を出すと失敗する／早くあきらめたほうがいい関係／保守的な2人／期待をしすぎて傷つく／切なさがつのる／2人の関係にストップが入る／長い片思いが続く／友達以上の気持ちはない／頑固な2人	このままの関係で良いか見直す時期／現状維持がもっとも良い／今すぐ進展にはつながらないが未来に希望あり／沈黙を貫くことでいい方向へと進む2人／相手が結論をなかなか出さなくても今は待つこと／気持ちの充電期間
お金・仕事	努力しても動かないアイデア・仕事／スランプに陥る／金運停滞／欲しいものが手に入らない／閉鎖的な職場／仕事場にいると息苦しく感じる／順調に進んでいたプロジェクトが止まる／トラブルが発生し撤退を余儀なくされる	今は仕事もお金も無理をしないのが吉／貯金を始めるのに適している時期／転職も退職も困難なので現状維持を／誠実さや真面目さが大切／新しいことを始めない／今はコツコツ積み上げるとき／有給や休暇をもらうと◎
対人	無口や無視といった態度をとる・とられる／年上の知人と対立しやすい／お山の大将でいると嫌われる／孤独を感じる／急な誘いはNG	今は友達との約束は見合わせたほうが良い／リアルよりもネットを介しての交流が◎／そりが合わなくても寛容に／分け隔てなくつき合う
心身の状態	腰痛・背中の痛み／過労やストレスが原因で発症する病／持病が悪化する／出産が遅れる／歩きすぎて靴擦れ／走ると転びやすい	適度な休息／自然のパワーをもらう／歯の矯正を始めるには良い時期／姿勢や座椅子の見直し／寝室を掃除し寝具を整える／北枕で睡眠の質を上げる
その他	原因不明の機械トラブル／水・電気・ガスなどが止まる／準備不足は不運を招く／旅行先でケガの恐れ／山に関することに注意	未経験のことは避ける／1人の時間を大切にする／部屋の北東（鬼門）をきれいにすると吉／面倒なことには首をつっこまない

53
風山漸
ふうざんぜん

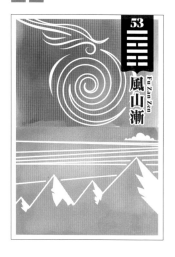

53 風山漸 Fu Zan Zen

基本の**KEYWORD**

着実

運気上昇、順番、順序良く、徐々に進む、一歩一歩、
徐行、牛歩、プロポーズ、結婚

ゆっくりと前進する

「漸」は徐々に進むことを意味します。それと同時に水を切るようにゆっくりと水鳥が助走をつけて飛ぶことも表します。また、山の上に木が生えてゆっくりと成長していく形でもあります。漸進とは勢いをつけて進むことではなく、着実に向かうことなのです。焦らずにマイペースを心がけてください。この卦は結婚も意味するので、パートナーを占って出れば婚期が近く、周囲からの援助がもたらされるでしょう。

	陰	陽
恋愛	2人の関係を急ぐのはNG／礼儀、ルールを無視するとせっかくうまく運んでいても別れにつながる／婿入りは凶／婚約破棄／結婚の延期／独占欲が仇となる／順序を守らない交際／嫌気がさして相手が去る／スローペース	結婚に向かうカップル／仲睦まじい2人／まだ恋は始まったばかりでゆっくりと進む／互いに成長し合える相手／堂々と交際宣言する／あきらめなければ希望がある／どんなことでも乗り越えていける夫婦／プロポーズされる
お金・仕事	単独行動はミスを招く／マナーが悪いと評価も下がる／手抜きがバレる／積立を解約するのはNG／足踏み・尻込み／楽な道はない／歩幅が合わない相手／気分の浮き沈みが激しいと周囲を振り回す／高望みは厳禁	仕事が発展する／団体行動が◎／手を抜かずに頑張ればまもなく良い結果が出る／着実に前進で評価上昇／金運上昇／欲しいものが手に入る／順を追って話すことを意識すると仕事が円滑にまわる／じっくりと考える
対人	仲間外れにされる／ずる賢さが相手に伝わる／対抗意識を燃やしても良いことはない／友達と徐々に距離ができる・離れていく	成長し合える関係性／大勢と楽しむと吉／素晴らしい仲間に恵まれる／持ちつ持たれつの関係／何でも共有できる友達／話し合い◎
心身の状態	めまい／肩甲骨のコリや疲労／病の細胞が育つ・大きくなる・再発／CTやMRIで内部を精密検査／風邪が悪化する／入院と退院を繰り返す	のんびりと急がないことが健康につながる／足踏み健康体操／背が伸びる／成長期／徐々に回復に向かう／自然治癒力を信じる
その他	明らかに到達できないゴールは目標にしない／進むことをためらうと運気下降／道をふみはずす／落ち着きを失うのはNG／無責任	妥協しないこと／旅行は吉・団体ツアー◎／転居は着実に時間をかけて情報も集める／先に進むための不安・心配事を見直すと良い

54 らいたくきまい 雷沢帰妹

身勝手

自由奔放、自分勝手、思い込み、だらしない、
非常識、失敗、欲望、誘惑、罠、嫁入り

いつのまにか 道を外れる

　53番「風山漸」では順調に進んでいたものの、いつのまにか道を外れ、寄り道をしてしまうときもあります。その寄り道が楽しくなって、行くべきではない道を進んでしまうことを表しています。「帰妹」は若い女性が嫁ぐという意味があります。恋愛を占って出るとワケありの関係や、誘惑の多い環境など、少し気をつけたほうがいい状況でしょう。逆に自由奔放に寄り道を楽しんだほうが良い場合もあります。

	陰	陽
恋愛	理性よりも欲望・誘惑に弱い／ガーリーな趣味／年下の異性に遊ばれる／三角関係でもめる／愛人がいる・バレる／順序を踏まない恋愛／無秩序な関係／遊びほうけて信頼を失くす／自由奔放すぎる相手／幼い恋愛／不倫・浮気	年齢差を気にしない恋愛／周囲に反対されても進む2人／身勝手な相手とは早く離れて／駆け落ち／互いに夢中／非常識な恋愛でも2人にとっては幸せ／気持ちが高揚している／同棲または内縁関係になる／男女の深い結びつき／若い2人
お金・仕事	無駄な努力で終わる／自己コントロールができずに周囲に迷惑をかける／貪欲に地位や名誉を求める／空気が読めなくてトラブル発生／計画・企画が破綻に向かう／非常識な態度や言動が原因で怒らせる／転職はNG	古巣に戻る／道を外れても早めに軌道修正すれば◎／副業と縁が生まれる／出向・出張と縁がある／年下や部下との関係性を綿密にすると良い／金運は良いが調子に乗るのはNG／やった行いが返ってくることを意識
対人	浮かれすぎて友達の助言も耳に入ってこない／勝手気ままに周囲を振り回す／軽率な行動を繰り返して友達が離れる	年齢差があっても仲良くできる仲間／心が落ち着く友達とすごせる／実家に帰省すると吉／控えめな態度が好印象
心身の状態	溜息が多くなる／性病・婦人科の病気・不妊症／心臓の負担増・不整脈／精神病に注意／病が長期化／入院が長引く／ホルモンバランスが崩れやすい	おいしいものを食べる／何事も無理は禁物／人や医者の助言に従うと◎／健康診断に行く／食生活を見直す／自由かつ開放的にすごす
その他	ぬか喜び／旅行はトラブル多発／ぼったくりに合う／手順を間違えると凶／欲張ると損をつかむ／契約違反や期限切れに注意	失ったものが返ってくる／サポート役に徹すると◎／正式ではないほうがうまくいくこともある／転居は見送る／別宅・別荘は吉

55

雷火豊

らいかほう

絶頂

最高潮、豊か、盛大、盛衰、満たされる、有頂天、
果たす、前途洋々、明るい、最高

今はただ
全力を尽くす

「豊」は豊かさ、大いなる、満ち足りたという意味があります。右往左往しながら進んで、やっと落ち着けるオアシスにたどり着いたとイメージしてみましょう。盛大で無敵の卦とも読めますが、油断大敵です。今が最高潮なわけですから、これ以上は望めないこと、あとは下って衰退していくことも示唆しています。また、豊かさをキープするためには、光が強いほど闇も同等に必要であることを教えてくれています。

	陰	陽
恋愛	蓋をしていたことが明るみに出る／相手の不誠実さが原因で疑い深くなる／2人の将来に悲観的になりやすい／今が楽しいだけとむなしさを感じる／さびしさや傷のなめ合いでつき合うのはNG／今が最高潮のカップル／闇が深い	真心が相手に伝わる／誠意を尽くす／帰る家・相手がいることに感謝／自信をもってアプローチすれば成就する／婚期到来／充実している2人／満ち足りた日々をすごす／愛されていると実感／心配や不安はいらない
お金・仕事	疎まれやすい職場環境／憎まれ役を買うことに／有頂天になりすぎると失敗する／グレーなお金や闇仕事に手を出すと痛い目にあう／うまい話には裏がある／浪費や散財あり／倹約／中途半端な仕事や態度はトラブルを生む	重要なポジションに大抜擢／多方面から必要とされる／あなたの役割は全力で果たしたのであとは良い結果を待つだけ／会長・オーナー／有益なことに恵まれる／社内での有望株／積極的な意欲が吉／豊か・豊穣・金運良好
対人	勢いで突っ走ると周囲がついていけない／闇を感じる人とはつき合わない／楽しい時期なので交際費がかさむ／マウントをとるのはNG	つき合いが盛んになる／人と人をつなげる役／誤解を受けても誠意をもって対応すれば改善／成功している友達から助言をもらうと◎
心身の状態	急激に熱が上がる／目のトラブル／心身症／突発性の病気に注意／食べすぎ厳禁／嘔吐／ガングリオンや子宮筋腫など塊ができやすい	美食を意識して／フルーツを食べると開運／夜より朝に行動して／華やかなものを身につけると◎／定期的な検診を
その他	順調そうに見えて何か問題が隠れている／邪心・邪道を見極める／見栄っ張り／転居はNG／思いつきの行動や旅行はトラブルのもと	この上ない喜びに満たされる／合格・内定／美しく華やか／放置をせずに積極的に再利用すると◎／リフォームは吉

56

火山旅
（かざんりょ）

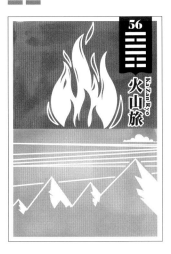

迷う

不安定、放浪、戸惑い、移りゆく、落ち着かない、
余裕がない、小心者、1人旅、失う

あてのない
旅をしている

56番「火山旅」は旅行を意味しますが、楽しい旅行ではなく現実逃避を暗示します。また、火山が噴火して荷物をもって逃げる様子とも言われます。誰でも「もういいや」「ここから離れよう」とすべてを投げ出して1人旅をしたいときもあるでしょう。今はどこか遠くに行き、1人になって考える、学びに向かうほうがいい時期です。人によっては安らげる場所を失い、行き場を失くす場合があります。

	陰	陽
恋愛	長年のつき合いに終止符／一緒にいても孤独を感じる／大切な人を失う／過酷な恋愛／家から追い出される／離婚で独り身になる／決断力のなさであきれられる／恋人と意思疎通がうまくいかない／不倫・浮気がバレる	相手への不満をため込まずに打ち明けて／結婚話に問題が出るが早めの対処で解決／遠距離恋愛が吉／旅先での出会い／相手の心変わりがあっても信じて待つ／外でのデートが◎／今はダメでもあきらめなければ報われる
お金・仕事	幸先悪い流れ／その日暮らし／目的や目標が定まらない／優柔不断さで周囲を振り回す／今の職場に不満がある／スケジュール通りにいかない／収入が下がる／冷静になれないので判断が鈍りミスが多くなる／旅費がかさむ	転職を検討したほうが良い時期／転勤・単身赴任／出張・出向・派遣／適度な休息が吉／人情を大切にすると良い／資格取得や学ぶことに専念すると吉／貯金・資金は潤沢／リスクを負えば目的を達成できる／名刺を新調すると良い
対人	実家に戻って一からやり直す／友達がいなくてさびしい日々／軽はずみな行動で相手を傷つける／単独行動が多い／相手の短所が気になる	厳しい意見をくれる友達を大切に／親しい人との別れがあってもすぐに次の出会いあり／相手の長所を探すように努力を
心身の状態	うつ傾向／旅先での感染症／忘れっぽい／産後うつ・妊娠高血圧症候群／不安・神経過敏／強迫観念にかられる／神経が衰弱する	良質なたんぱく質をとると◎／温泉に入って血流を良くする／リンパマッサージ／サウナで汗をかく／意識してミネラルを摂取
その他	家にいても落ち着かない／孤立無援／生活支援を受ける／火山災害・山火事／心がそわそわする／次から次へと不安がやってくる	転居は良いがすぐには慣れない／旅行・小旅行・1人旅はとても良い／芸術・文学・学問に縁あり／大きな決断をしなければ吉

57 巽為風（そんいふう）

57 Son I Fu 巽為風

従順

不器用、優柔不断、人見知り、従う、八方美人、
往来、コントロール、懐に入る、香り

柔軟な心で
対処する必要あり

　風の卦が2つ重なっており、自分だけ突飛な行動をせず、柔軟な姿勢ですごせば、そのうちいい知らせがやってくることを表す卦です。ただし主体性が失われてふらふら定まらないことも意味します。反対の意見に流されやすく、どっちつかずの態度をとりやすいでしょう。また、つき合う人によって変化があるときでもあります。信頼できる指導者が見つかれば良いですが、悪い相手に流されないよう注意が必要でしょう。

	陰	陽
恋愛	二股が発覚／見え透いたうそがバレる／適当なつき合いをしていると訴えられる／風の噂で良くないことを耳にする／苦労する相手との交際／ストーカー被害／2人の間に邪魔が入る／関係性がはっきりしない／優柔不断	相手に従ったほうが進展する／か弱いところも見せると◎／相手の心に取り入る／ケンカをしても下手に出る／お忍びで会う／第一印象で決めない／遠回しな態度や言葉より直球アプローチが吉／だらしない恋愛には終止符を
お金・仕事	自信がない／八方美人な態度は信用を失くす／短期間での転職を繰り返すと心象が悪い／やりすぎはかえって良くない／居心地の悪い職場／ふらふらとしていて定まらない／無職／投資に向かない／お金が飛ぶ／不器用	謙虚を心がけることで道が開ける／相手の良いところをまねする／適応能力あり／方針を1つにしぼると◎／首尾一貫した姿勢が吉／上司や力ある人に取り入るチャンス／へりくだった態度が吉／相手をもち上げる
対人	不器用な人間関係／自己表現がうまく相手に伝わらない／融通のきかない友達／表面だけとりつくろっている仲間／無理して合わせる	ひたむきな姿勢を評価してくれる／柔軟に相手に合わせると良い／仲良くなりたい相手の心にすっと入り込むように意識して
心身の状態	花粉症／鼻炎・鼻づまりなどアレルギー反応／咳・のどの痛み・気管支炎／中耳炎・外耳炎／においに敏感になる／呼吸が浅い／風邪	アロマテラピーが吉／睡眠の質を良くする／ハウスダスト・ダニ対策をしっかりと／部屋の換気をすることで健康運向上
その他	嫌な空気が漂う／腐敗臭／花粉など風に異物がまざる／盗難に注意／家の戸締まりをしっかりと／個人情報がバレる	すぐに結果を求めない／中傷や噂に振り回されないように／ネットを介した出会い／SNSでの連絡が吉／迷いが少しでも生じたらやめる

58

兌為沢
（だいたく）

 基本の KEYWORD

喜び

うれしい、華やか、向上心、幸せ、感謝、楽しみ、
笑顔、しゃべる、ユーモア、口論、口先

互いに高め 喜び合う

「兌」は喜ぶ笑顔を表します。うれしいこと、誰かと喜び合えること、互いに笑い合って楽しむ様子です。口の意味もあることから、皆で集まり談話を楽しむこと、議論や口論をすることなど、会話によって起こる吉凶も表します。互いを高め合い、関係を良好に保つには、言葉にしないと伝わらないことがあります。また自分だけが楽しい卦ではなく、周囲も楽しませる、巻き込んでいくパワーがあります。

	陰	陽
恋愛	ケンカ・口論が多くなる／口のうまい相手にだまされる／色情・色難／勢いでつき合うのはNG／言葉の壁／自分のことしか考えない恋愛／快楽だけの関係／2人は盛り上がっていても周囲は冷めている／惰性でつき合う	高め合う2人／楽しい時間をすごせる／青春／デートが盛り上がる／グループ交際が吉／コミュニケーションを深める／アプローチは積極的に／愛の言葉を交わし合う・交換日記チャットのやり取りが長く続く／気持ちが通じ合う
お金・仕事	議論しても形にならない／話し合いに応じてもらえない／会議で意見がまとまらない／交際費に散財／贅沢三昧で金欠／嫌味や悪口を言われる／おもしろいと思ったアイデアへの反応が悪い／仕事を怠ける／うるさいと思われる	新規顧客獲得・顧客拡大・集客に縁あり／最後までやり遂げる／皆が喜ぶことを意識する／くじ運あり／適度に娯楽に費やすのは◎／転職は相談をすれば吉／スキルアップ／1つではなくいくつも選択肢をもつ／ねぎらいの言葉をかける
対人	自慢げに聞こえる言動は嫌われる／楽しくてつい軽率な行動をとるのはNG／飲み会で泥酔して相手に迷惑をかける／暴言を吐く	小さなうれしいことでも仲間と共有する／楽しい飲み会を開く／やさしく思いやりをもった言動が和合を生む／もめても早めの和解を
心身の状態	口呼吸を直す／口の周りにできる疱疹やニキビ／口内炎・歯肉炎／食べすぎ・飲みすぎ／筋力低下／不快感／手術を要する病	健康的な食を意識して／運動やストレッチが効果的／お酒はたしなむ程度に／楽しいことを優先／趣味を広げて心を豊かにする
その他	失言は争いの種になる／怠け心が出やすい／楽しいことに遊び惚ける／下心・不純・詐欺に注意／甘んじるのはNG／眉間にしわ／堕落	ちょっとした小旅行は◎／楽しくても冷静さは保つ／今は住む環境は変えない／模様替えを楽しむ／感謝を伝えるのを忘れずに

59
風水渙
ふうすいかん

解決

願いが叶う、出発、波紋、乗り越える、冒険、解消、
解放、散る、拡散、分散、弾ける

苦境から解放される

「渙」は氷が溶けて広がっていく、融解して散ることを意味します。上卦が風、下卦が水ですから、台風が過ぎ去った後の晴天ともとれます。固まって動かなかったものが動き出すことから、抱えていた問題から解放されていくでしょう。遠出をしたほうが吉なので、この卦が出たら遠くに住む親や友人と交流してみましょう。良い状況なのにこの卦が出た場合は、陰の意味を重点的にリーディングしてみましょう。

	陰	陽
恋愛	ひと波乱あり／離婚・離縁／不倫・浮気はバレる／悪いとわかりながらも関係を続けると思わぬ落とし穴あり／三角関係／色情因縁／ストレスを相手にぶつける／悪い噂が立つ／相手が何を考えているかわからない／別れる	離れたことで相手の良さがわかる／復縁成就／別れるといい出会いがある／客観視が大切／冷却期間をおく／新しい出会い／疲れる恋愛は1日も早く手放したほうが吉／迷いがふっきれて次のステップへ向かえる／異国での恋愛
お金・仕事	気が散りやすい時期／あなたの言動が波紋を呼ぶ／危機管理不足でミス多発／離職・退職・転職／頑張りたいときに休まざるをえなくなる／未経験の分野には手を出さない／悪い噂が職場で流れる／不採用／違約金・罰金／燃え尽き症候群	幸先が良い／水を得た魚のように仕事がはかどる／転職で良いポジションをもらう／1人で抱え込まずに仕事を分散する／世代交代あり／早めに見切りをつけたほうが良い／新規事業良し／昇給あり／新しい学び
対人	仲間が去っていく／欲深さがたたって友達が去る／今まで仲間だと思っていた人から裏切られる／性急な態度で振り回す／逃げられる	親や友人とのわだかまりが解けていく／新しい友情の芽生え／数年ぶりに再会する／新しい環境に積極的に飛び込むことで交友関係が広がる
心身の状態	感染症／不慮の事故・災難からの病／手術を受ける／気のゆるみで風邪を引く／転移する／医療事故や保険適用外などの災難	気分転換を心がけて／ストレス発散を意識した生活／我慢は禁物／自分を解き放つ／ヨガで心身を整える／自然治癒力を信じる
その他	破れる・弾ける／仕切り直す／手放す必要がある／修羅場／気持ちの移り変わりが激しいとき／古いものをずっと使うのはNG	成果が出る／合格する／難題が解決する／点と点が線となる／旅立ちは吉／上昇気流／移住・転居は吉／心機一転

水沢節
すいたくせつ

60
水沢節
Sui Taku Setsu

節 度

けじめ、節約、ほどほど、限度、節制、区切り、
季節の変わり目、平常、引き締める

✻

何事もほどほどに
したほうが良い

「節」は竹の節からきている言葉で、節度、節約など
何かしらの区切りを表します。下卦の沢の上に水がある
ことから、水があふれている状態も意味します。水はた
めすぎるとあふれ出てしまい、必要以上に汲めば涸れて
しまいます。何事も無限ではなく有限であることを自覚
することを説いている卦です。良いことも悪いことも度
をすぎたらどちらもよくありません。「中庸」の精神を
大切に、ほどほどを心がけましょう。

	陰	陽
恋愛	枯渇する／終わった恋に執着する／関係性にいったん区切りをつける／相手が別れてくれない／失礼が多い相手／節操がない／気が抜けない関係／けじめがつかない／結婚の形や常識に縛られてうまくいかない／親のための結婚	順調な2人／お金にうるさい人とは別れて／区切りをつけることでいい方向へ／貞節をもって接する／相性は良いが相手の環境が整うまで待って／誠実／質素倹約な相手とのご縁／現状維持で変化を起こさない
お金・仕事	無駄遣いが多い／条件や規則が厳しい会社／人件費・経費節約で効率が悪くなる／完璧主義がトラブルを生む／大きなプロジェクトはやるべき時期ではない／自分の希望ではなく親の希望で就職／遅刻やスケジュールミス	臨機応変に対応する／節度をもった対応を心がける／礼儀正しく清潔感を意識して／有益なことにお金を使う／手堅い仕事／無理な仕事は断るのが吉／公平な視点を大切に／預貯金を始めるのに最適／計画性ある運用
対人	人間関係がギスギスする／だらしがないと思われる／潔癖症／細かいところが嫌われる／空気が読めず周囲から孤立する	親しき仲にも礼儀あり／交際費をケチらないように／紹介でつながるご縁あり／慎ましい姿勢でいると円滑／相手のペースに合わせる
心身の状態	偏食はNG／乾燥に注意／季節の変わり目に弱い／パワーダウン／緊張する／過食・拒食／関節の痛みや炎症／不摂生	運動も食事も度を越えないようにする／規則正しい生活を心がける／生活態度の見直し／コラーゲンやヒアルロン酸による美容が吉
その他	スピード違反／窮屈・狭い・サイズが合わない／もったいないからといってとっておくのは凶／苦節／水難事故／水回りの不具合	衣替え／近場のレジャーや旅行は◎／小規模のリフォームは可・転居は不可／気長に待つのが良い／約束は必ず守ること

63 水火既済
すいかきせい

完成

成就、最盛期、まとまる、整う、新たな道、既存、
小事良し、祭りの後、いずれ終わる

あらゆる物事の栄枯盛衰を知る

「既済」は既に完成している状態を表し、これ以上の発展は望めないところに来ていること、つまり最盛期を迎えていることを暗示します。「終わりは乱る」という意味を含むため、繁栄の後は衰退するのが常。しかし、また衰退があれば繁栄につながるのです。そういうものだと考え、この先も進化を止めないでください。この卦が出たときは、始めは良く終わりが悪いため、油断するとトラブルや困難に見舞われる可能性が高いでしょう。

	陰	陽
恋愛	出会った頃の気持ちを忘れる／つき合ってもすぐ別れる／傲慢な態度が原因で別れる／釣った魚に餌をやらない／怠惰な関係性／つき合っていたときはいいが、結婚したら態度が変わる／成長の見込めないカップル	現状維持がベスト／両思い・恋の成就／男女の急接近／多少緊張感があったほうが盛り上がる／既に相手はあなたを気に入っている／お互いの歩みよりが◎／ささいなきっかけで2人の未来を話し合う／必要以上に求めない
お金・仕事	欲張った事業拡大は失敗／職務怠慢／株やFXは凶／最初はうまくいっても気を抜くと損をする／新規事業は始めない／表面的にはうまくいっている／ほころびが出る／準備不足で事業が失敗する／調子に乗ると凶	成功する／やっと完成を迎える／現状維持・転職や退職はNG／専門分野を極める／望んでいたポジションにつく／トップの成績／退職金／頑張りが認められる／お金には不自由しない／先攻を選ぶ／次の目標を定める
対人	長いつき合いの友人と疎遠／おもしろみのない関係性／これ以上発展を望めない相手／良くも悪くも現状維持／相手の気持ちがわからない	バランスがとれた人間関係／新たな人脈に恵まれる／ともに趣味や学問を学べる相手／常識ある友達／腐れ縁には見切りをつけると良い
心身の状態	不摂生／定期健診を怠ると凶／救急診療／症状が悪化する／水分のとりすぎ・むくみに注意／安産だが出産後のケアを	体力・筋力の衰えを感じたら早めの対策を／息抜きの時間を多めにつくる／薬膳料理を食べると◎／白湯を飲む／衛生面に気配り
その他	幸せすぎて不安／「今までうまくいっていたのになぜ？」ということが起こる／引っ越しはNG／今以上の幸せは存在しないと思ってしまう	最高潮を味わう／慎重な行動が功を奏す／終わり良ければすべて良し／万が一のトラブル対策／神社仏閣・教会・パワースポットに行く

64 火水未済
かすいびせい

（か　すい　び　せい）

基本のKEYWORD

未完成

未熟、未解決、忍耐、慌てない、様子見、準備不足、
時期尚早、定まらない、下剋上

かわいい子には旅をさせよ

「未済」は未完成、まだ整わない状態を表します。そこから「もう一度やり直す」という再生や復活、転生を示します。ここから、最初の卦である1番「乾為天」につながるのです。良く言えば可能性は無限で、これからの努力しだいでどうにでもなるということです。甘やかすよりも、厳しく苦労が多いほうが成功は大きいことも示しています。そこに向かうためにはどんな準備をしたらいいか検討し、計画を立てていきましょう。

	陰	陽
恋愛	未熟な2人／純真無垢な恋愛／初恋／初体験／中途半端な関係性／甘やかしてばかりで相手がつけ上がる／不倫・浮気がバレる／苦労の多い恋愛／家庭環境が原因で結ばれない2人／歩み寄る努力／可能性がないかもとあきらめる	別れても友達に戻れる／将来性がある相手／ともに成長していける関係／復縁成就／初対面だけで判断しない／始まり悪くても終わり良し／片思い期間を楽しむ／今は慎重さが大切／ゆっくりとステップアップ
お金・仕事	すぐに結果を求めるのはNG／準備を怠る／忘れ物や遅刻は厳禁／研修不足／未熟・新入社員で若さを理由に押しつけられる／バカにされる／中途半端な仕事は凶／上司に失礼な態度はNG／無計画にお金を使いがち	目上の人に頼るといいヒントがもらえる／新規事業を始める／新プロジェクトに抜擢／出世街道の入り口／根性があると評価される／チャンスに恵まれる／転職は要検討／つらくても努力で成功する／反省して次に活かす／厳しい態度が吉と転じる
対人	仲が良かった友達から冷たくされる／相手のせいにする／友達づくりが苦手／人見知り／2人の関係に問題が生じる／相談相手がいない	未熟同士の相性がいい／仲良くしたい人との距離を縮める努力／まだ出会ったばかりの2人／年上の人と縁あり／1人で抱え込まない
心身の状態	頭がスッキリしない／未成熟・未発達／便秘や痔／眼精疲労／高い場所からの転倒に注意／成長痛／情緒不安定／眠りが浅い	ジョギングが吉／カルシウムを意識して摂取／日光浴／水泳や水中運動で心肺機能を高める／美容整形も良し／栄養補助食品
その他	家の欠陥／なかなか解決しない／混沌として見通しが立たない／うっかりミスが多い／お金に関することはむやみに手を出すと損をつかむ	失敗を繰り返すと吉／志を高くもつ／新築物件と縁あり／心機一転／好奇心旺盛／くるもの拒まず／投げ出さない／マイペースで良い

イーチンタロットの掟

イーチンタロットに限らず、占いをする際には、
いくつか気をつける点があります。ぜひ心に留めておいてください。

・鑑定しているときに新しい質問でさらにカードを引き続けない
（1つの質問ごとに1回シャッフルするのが基本）
・出たカードの結果が悪いからといって何度もやり直さない
・占うときは心身を浄め、精神を集中してから行う
・占っても意味がない、解決が見込めない内容は占わない
・生死に関わること、賭け事、妄想、悪事に関することは占わない
　イーチンタロットは吉凶がはっきり出るので、結果に動揺してしまうこともあるかもしれませんが、謙虚に受け止めることが大切です。結果が意に沿わないからといって、やり直したりするとカードとの信頼関係が崩れてしまいます。そうなると、今後何を占ってもカードが応えてくれなくなる可能性もあります。

　また寿命や死期は人間が占える次元にありません。健康運は目安や注意点として占うことはできますが、病の治療に関することは必ず専門家に見てもらいましょう。

　妄想や悪事に関することも占わないこと。また賭け事は占いよりも、風水など相術による開運アドバイスのほうが役立ちます。

第 4 章

イーチンタロット
の占い方

イーチンタロットに、難しいルールはありません。
占うときの基本となるカードの引き方を紹介します。

イーチンタロットの
占い手順はシンプル！

　イーチンタロットの占い方は、基本的にとても自由です。カード占いにはさまざまな作法があるように思われがちですが、先入観にとらわれないようにしましょう。シャッフルを止めるタイミングや、いくつの山に分けるかはあなた自身が自由に決めてかまいません。占う相手がいれば、依頼者に決めてもらってもいいでしょう。

　「ルール通りにしないと当たらない」と考える方もいますが「当たるも八卦、当たらぬも八卦」を思い出してくださいね。まずはしっかりと64枚をシャッフルすればOKです。

シャッフル方法

🌹 ディールシャッフル

細かく1枚1枚を山に分けて、また重ねて戻す方法です。

基本の持ち方

🌹 ヒンズーシャッフル

花札やカルタの切り方に似ており、本格的な東洋タロットを楽しむためにおすすめの方法です。デッキを手のひらにのせ下方のカードを引き抜き、反対の手に移し取ります。その後さらにいくつか（3分割ほど）に山を分けてまた重ねて戻すのもいいでしょう。

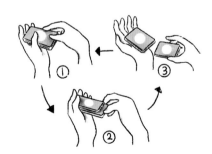

※イーチンタロットは正位置・逆位置がないので、机の上にカードを広げてウォッシュシャッフル（両手でくるくるとかきまぜる）をする必要はありません。

質問内容を決める

西洋のタロットは質問内容を決めてからシャッフルすることが大半ですが、イーチンタロットはシャッフル後に質問を決めます。そして、質問内容は具体的なほうがカードも明確に答えてくれます。

イーチンタロットは吉凶がわかりやすく出る占いですが、必ず「教え（対策）」があります。そのため、占いたい内容が抽象的だと、結局どんな対策を求めているのかが見えてきません。

「彼の気持ちを知りたい」だけだと、その人とどういう関係なのか、今後どうなっていきたいのかがわからないので「こういう関係にある彼と、今後こうなっていきたいのですがどうしたらいい？」というくらいまで具体的な形にしましょう。

自分自身を占う際であっても、どういうことを知りたいのかを、口に出す、もしくは心のなかで伝えるように心がけてください。他人を占う場合は「それでは彼との関係を結婚に向けて前進させるためのアドバイスを占いますが、いいですか？」と具体性のある質問に変換して聞いてあげるのも親切です。

並べ方を選ぶ

質問内容が決まったら、カードの並べ方を選びましょう。イーチンタロットはシンプルです。ワンオラクル、スリーカードの2種類をマスターすれば大抵の質問に対応できます。特にスリーカードは「YES／NO」、「過去／現在／未来」など、さまざまな三択を設定することで具体的にストーリーが見えてきます（詳細はP.108）。

正位置・逆位置のないイーチンタロットは、1枚1枚に陰・陽の両面が宿っていますが、出たカードの吉凶は、まずは「基本のKEY WORD」から判定するのがわかりやすいでしょう。

シンプルに一問一答でヒントをもらう！
ワンオラクル

カード占いのすべての基本である1枚引きをワンオラクルと言います。質問をしぼって鑑定を行えるので直感力も鍛えられます。最初のうちは毎日1枚引いて運勢を占ってみるといいでしょう。まずは解説を読み、直感で「これかな」と感じるワードを選んで1日をすごしてみてください。特にワンオラクルは考え込むのではなく直感で最初に感じたことが大切です。

慣れてきたらカード1枚の意味だけでなく、読み解き＝リーディング力を意識して解釈を膨らませてみましょう。

占いは結果がすべてではありません。どうしたら状況が良くなるか、あなたが理想とする方向性に進むために必要なことは何か、もう1回ワンオラクルをしてアドバイスをもらうのもいいですね。

また出たカードが何を示すのかは、自分で設定することができます。そのアレンジ方法を紹介しますので、ぜひ参考にしてみてください。

ワンオラクル
の引き方

シャッフル後、揃えたカードの一番上のカードを引き出して占うのがポピュラーです。アレンジするなら、カードを2つの山に分け、上の束の一番下にあるカードを引き出して占うのもいいでしょう。

Arrange 1 現在の状況

・今日の○○運は？（恋愛運、仕事運、
　健康運など置き換えても◎）
・今考えている計画実行するべき？

出た卦のリーディング例　　**乾為天**

昇りつめた龍ですから、今はとても忙しい状
況、目標に向かって頑張っている状況、と見
立てます。基本のキーワードから現在の状況
をシンプルにイメージしてみましょう。

Arrange 2 相手の気持ち

・最近、連絡がない意中の相手は、
　今どんな気持ち？
・イライラをぶつけてしまった相手は、
　今どんなことを思っている？

出た卦のリーディング例　　**坤為地**

待つことで運が開けるわけですから、穏やか
な気持ちで相手を見守る、恋愛であればまだ
こちらに気持ちは向いていない、まだ深い仲
になるには時間がかかるとも読めます。

Arrange 3 問題の原因

・企画を通すために気をつけることは？
・恋人との会話が続くようにするには、
　どうしたらいい？

出た卦のリーディング例　　**水雷屯**

困難な卦ですから、今は頑張っても報われづ
らい時期であるということが原因です。また
焦りが問題の原因となっているとも読めます。
恋愛・人間関係など、質問内容によって意味
をアレンジしていけば良いのです。

Arrange 4 解決のためのアドバイス

・出会いに恵まれるためには、
　どうしたら良い？
・今、私が気をつけるべきことは？

出た卦のリーディング例　　**山水蒙**

良き指導者のもとで学ぶ卦ですから、学びを
始める、良きアドバイザーに出会うためにイ
ンターネットで検索する、自分の未熟なとこ
ろをどう改善したらより良くなるかを考えて
みる、というアドバイスになります。

物足りないときは３枚引き！
スリーカード

　３枚引き（スリーカード）は１枚だけでは判定できない質問や、さらに詳しくリーディングするために活用したい並べ方です。視点が３点になるので、物事の本質をより具体的に理解できるでしょう。各ポジションの意味は質問に合わせて自分で自由に設定してかまいません。

　例えば以下のようなバリエーションが考えられます。

🌹 過去／現在／未来

何についての行方を知りたいのかを最初に明確にすることがポイントです。そうでないと、どんなカードが出ても読みとれません。

🌹 現状／未来／対策

物事の本質や問題点を掘り下げたいときにおすすめです。ワンオラクルのときよりも、ストーリー性が出るのが特徴です。

🌹 今日／明日／明後日　🌹 ３ヵ月以内／６ヵ月以内／１年以内

運勢の予測、移転や進路、引っ越しなど、時期を見る際の指針になります。期間は自由に設定して良いですが、卜占で占える時系列は現在からほんの少し先の未来までです。遠い未来（３年後、５年後、10年後など）を見るのには適していません。遠い過去・未来は命術で占うことができるので、カードだけですべてを判断しないように。

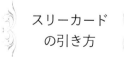
スリーカードの引き方

基本的には自由です。シャッフル後のカードの一番上のカードから順番に３枚、直感で選んでもOK。私はカードを扇形に広げて、直感で３枚選ぶという方法を採用しています。あなたのやりやすい方法を考えてみましょう。

Arrange 1　過去／現在／未来

過去	現在	未来

過去どういう状況・環境におかれていたか・気持ち	今はどういう状況・環境におかれているか・気持ち	このまま進むと未来はどういう結果になるか

〈質問例〉
・意中の相手が過去に私をどう思っていたか、今はどう思っているか、この先はどう思ってくれるか？
・つき合ってはみたものの、これから私たちがどうなっていくのか？

その問題がどう推移していくのかを見るのに最適。未来に悪いカードが出ても落ち込まず「そうなんだ」とまずは謙虚に受け止めて。

Arrange 2　原因／結果／対策

原因	結果	対策

何が原因で今の悩みを抱えることになったのか？	このまま進むとその未来がどうなるか？	原因と結果をふまえて解決するためにどうしたらいいか？

〈質問例〉
・最近、仕事でツイてないことが多い、何がいけないのだろう？
・婚活はしているものの、いい出会いに恵まれないのはなぜ？

現在／過去／未来を占った後に「ではどうする？」を考えるべく、この並べ方で占ってもいいでしょう。大事なのは「対策」の部分です。

Arrange 3　今日／明日／明後日　　　　　　3ヵ月以内／6ヵ月以内／1年以内

今日	明日	明後日
3ヵ月以内	6ヵ月以内	1年以内

〈質問例〉
・相手からいつ連絡がくるか？
・今日、明日、明後日の運勢
・復縁ができるか？
・いつ頃結婚の話が出るか？
・引っ越しをするタイミング

時期の区切りについては、1週間後、1ヵ月後など、占うテーマによって好きな範囲を設定してもOK。ただし遠すぎる未来を占うのは不向きです。

アレンジすることで、占いのバリエーションが増える

　イーチンタロットには「こうしないと当たらない！」というルールはありません。アレンジをして楽しんでもいいですね。タロットのようにケルト十字、ヘキサグラムなどの並べ方に挑戦してもいいでしょう。

　ただ、基本的には正位置・逆位置がないので、複数枚を展開するより吉凶がわかりやすいシンプルな並べ方が合います。それを応用したほうが、判定もしやすいでしょう。

　ここではスリーカードの形を用いつつも、1枚ごとの意味を読むのではなく、全体を見るアレンジ法をいくつかご紹介します。

Arrange 1 正逆の割合でYES／NOを見る

　あえて正位置・逆位置を採用して、正位置が出たら質問の答えはYES、逆位置が出たらNOとするアレンジもできます。

　つまり以下のように、正逆を出た割合で判定するのです。1枚引きよりも具体性が出るので、二者択一のテーマを占いたい際に活用するといいでしょう。さらに、中間のbとcだった場合は逆位置（NO）のカードの「陰」の意味を解説ページでチェックしてみましょう。YESと言えない理由、何を改善したらより良くなるかをリーディングすると一層深みが出てくるでしょう。特にbはYES寄りなので、決意するには何か検討する必要があるとも解釈できます。それを出たカードから読み解いてもいいでしょう。

a　正位置3枚 ＋ 逆位置0枚 ＝ YES 100%

b　正位置2枚 ＋ 逆位置1枚 ＝ YES 60%

c　正位置1枚 ＋ 逆位置2枚 ＝ YES 30%

d　正位置0枚 ＋ 逆位置3枚 ＝ NO 100%

〈質問例〉
・今頑張っているプロジェクトが成功するか？
・○○の資格を取得したいが私に向いているか？
・○○さんに仕事を頼もうと思っているが良いか？

人生は選択の連続です。そこで人生の重要な選択をする際にとても役に立つアレンジをご紹介します。これは正位置のみを採用し、まずは「質問者の現状や気持ち」で

1枚引き「選択肢Aを選んだらどうなるか」「選択肢Bを選んだらどうなるか」とそれぞれの未来の可能性をより具体的に見ていくものです。

a	b	c

質問者の現状や気持ち	**選択肢 A**	**選択肢 B**

〈質問例〉
・転職先2社で悩んでいる
・AとBの物件で悩んでいる
・2人の好きな人がいて迷っている
・赤と青のTシャツ、どちらを買うか悩んでいる

占う前にこの選択肢A・選択肢Bをきちんと設定することが大切です。また3枚にこだわらず、選択肢C、選択肢D……と選択肢を増やして、候補を比較検討することもできます。

アドバイスが欲しいときは追加引きもOK

1枚引きでも、3枚引きでも、さらにアドバイスが欲しい場合、追加カードを引いてもOKです。ただし出たカードだけでは判定が曖昧だった場合に限ります。すべてNOとカードが言っているのにYESの答えや、あなたが求めているカードが出てくるまで引き続けるのはNGです。

イーチンタロット
占う際の
Q&A

占っているうちにふとわき上がる
疑問の数々にお答えします。

カードの最適な保管方法はありますか?

カードは紙でできています。紙は五行で言うと「木」ですから、木と相性の悪い刃物や金物がある近くにはおかないほうがいいでしょう。相性のいい方角は「東」です。風水でも情報をつかさどる方位ですから、カードが応えてくれる、自分にメッセージを与えてくれる、という点で保管方位としておすすめです。できれば専用のケースやポーチに入れて保管を。邪気が宿らないよう、他の人がさわるような場所にはおかないようにしましょう。

悪い結果が出てしまった……。結果に気分が左右されてしまいます

悪いカードが出れば、これから陽に転じるとわかっていても、それがいつなのかわからないので不安が続きますね。また悪いキーワードが脳裏に焼きついて「ポジティブになんて考えられない!」という人もいるでしょう。こんなときは、カードから離れましょう。自分で自分を占うのではなく、イーチンタロットでもなく、違う占術で前向きなアドバイスをもらうのも手です。

カードが応えてくれない気がします。どうしたらいいですか?

なんだか今日は冴えないな、という日もあるでしょう。シャッフルやリーディングをしているときにも引っかかりを感じるようなら、時間や日を改めて。カードが応えてくれないときのサインとして、同じカードばかり連続で出る、悪い結果を示唆するカードばかり出るなどがあげられます。体調も影響するので、カードとうまく対話ができないと感じる日はお休みしましょう。

シャッフルや並べ方の順番を間違えてしまいました。やり直したほうがいいですか？

シャッフルしているときにカードが飛んだ、床に落ちた、裏が見えてしまった、角が折れたなどはよくあることです。1枚だけ飛び出た場合は、ジャンピングカードといって、鑑定結果と同等のパワーをもちます。順番を間違えてもよしとするかも含め、採用するかしないかは事前に自分で決めておくといいでしょう。人を占っている際に誤って発生し、相手が気にしていそうなら思いきってやり直すのもいいでしょう。

他人を占って悪い結果が出てしまったらどうすればいいですか？

悪い結果が出ても、伝え方を工夫すればいいのです。まずは「障害のカードですが、何が障害となっているか見てみましょう」と明るく伝えて。そして必ず対策を考えてあげること。本書の風水アドバイス（P.128）も参考に。そもそも悪いことは誰にでも起こるものですし、吉凶両方をとることが大切というのが易の教え（P.138）。悪い結果が出ても友達とすごす・ストレス発散するなど、そこに依存しないようなアドバイスをしてみましょう。

カードを1枚失くしてしまいました……

全部を失くしてしまったら買い替えるしかありませんが、1枚だけ、2枚だけ失くしたときは同じサイズの紙に卦を描いて手作りするのもいいでしょう。ただし裏の柄が合わないと引いたときに手作りカードの卦とわかってしまうので、残っているカードの柄をスキャン・印刷するのがおすすめです。

もしカードの的中率が下がったと感じたら、新調したほうが良いでしょう。

占いたくない質問はどのように断ればいいですか？

依頼者からはさまざまな質問を投げかけられます。そのため私が本格的に占いの仕事を始めたときは、自分が「ゴミ箱」みたいだと感じました。ときには「受けたくないな」と思うことも。でも「これも修行の一環！」と頑張った結果、伝え方が身につきました。そう思っていた時期はまだ主観や常識が優位だったと感じます。それでも難しい場合は「初心者でお引き受けできない内容です」と断ればOK。

こんなときは占わない

実は占いをするのには相応しくないコンディションがあります。
占う者の基本として、ぜひ心に留めておきましょう。

　　占いをするときの姿勢は常に「中庸」を心がけてください。主観が入りやすい状態、集中できないときは占いに適していません。

　　例えば飲酒後や性交渉の後など、欲を満たした後は疲れと眠気に襲われていますし、気分が上がらないと感じるときも止めたほうがいいでしょう。また身内の不幸や不吉だと感じる出来事があったら、自分の状態を見定めて、占いができるかを判断しましょう。心にブレや不安を感じたり、中途半端になりそうだったり、体力的に無理だと思ったら潔くやめてください。

　　このほか、占いをする時間帯も集中力に関係します。交感神経が優位な時間帯はいいですが、副交感神経が優位になる時間帯、夕方18時以降に占うのは判断に迷いやすくなるので避けましょう。

　　また鑑定で1日に占える人数にも上限があります。これは実践してみないとわかりませんが、経験豊富な人でも年を重ねて集中力が衰えてくることもあります。その時々の状態に合わせた占いを心がけましょう。まずはあなた自身が「自分を知ってコントロールする」ことが大切。自分が整っていなければ他者を見ることはできません。

第 5 章

実践！
イーチンタロット・
リーディング

実際に占っている様子から、カードのイメージの
広げ方、解釈のコツ、着眼点を学びましょう。

リーディングのコツ

　リーディングがやっぱり難しい、単調になってしまいがち、言葉出て来ずに苦戦してしまう……。そんな経験はありませんか？　解釈を広げられていなかったり、カードの意味だけにとらわれてしまうと、このような事態が起きてしまいます。

　ですが、慣れないうちはよくあることですから、自信をなくさないでください。ここからは、より良くリーディングを楽しむためのポイントをおさえていきましょう。

第一印象・イメージを優先に！

　第一印象はたった3秒で決まるとも言われていますが、カードとの出会いも第一印象が大切です。カードの吉凶に惑わされず、そのカードから最初に得られた印象やメッセージを優先しましょう。卦の意味をすべて暗記するだけでは単調になってしまいます。慣れないうちは、論理的に考えるよりも直感でカードのイメージを捉えてください。卜占はリーディング力で差が出ますから、まずは感覚的に言葉を紡いでみることです。

カードの解釈を深める！

　卦の意味を覚えることができたら、そこからイメージを膨らませ、さらに噛みくだいて相手に伝えてみましょう。慣れないうちは解説ページを開き、ジャンル別のキーワードから質問内容に該当する言葉をいくつか見つけ、自分なりにリーディングしてみてください。カードの解釈に個性を入れてはいけない、というルールはありません。質問内容に寄り添えるリーディングを心がければいいのです。

語彙力を高める！

　占いでは「伝え方」がとても大切です。同じカードでも、選ぶ言葉しだいで相手にさまざまな印象を与えます。プロの占い師でも、伝え上手な人のほうが人気が出たり、長続きする傾向にあります。それに「伝え方」を学んでいくと、占いの世界だけでなく日常の人間関係にもいい影響が出てきます。

　人を占う場合、「誰かを傷つけるかもしれない」「相手を迷わせてしまうかもしれない」「反感を買うかもしれない」とすべてに気を使っていては疲れてしまいます。大切なのは占いで前向きに、そして現実的な方向に導いてあげることだということを忘れないでください。そのためにも日頃から本を読む、日記をつける、オリジナルのイーチンタロットノートをつくるなど、語彙力を強化するためにできることをやってみましょう。また、「伝え方」が上手な占い師の鑑定を受けてみることも語彙力を高めるのに効果的です。「こういうときはこう言ったほうがいいんだ」とまねできる部分は自分のリーディングに取り入れていきましょう。

〈実例1〉 ワンオラクル

Q 今日の運勢は?

> 今日の運勢はどんな感じか、
> 何か気をつけることもあるか知りたいです

46番　地風升

少し先の未来を具体的に思い浮かべよう

　上昇を示す卦の1つである「地風升」は、ストレートに読み解けば「運気上昇」を意味します。ですから、あなたの運勢は「吉」となります。質問には「気をつけることもあるか知りたい」とありますから、さらにイメージを膨らませ「どんなことを心がけたらさらなる上昇・成長につながるか」を考えてみましょう。

　今だけでなく、少し先の未来に希望がもてるようなすごし方を意識してください。すると「今日始めたことは後の成長につながる吉日かもしれない」と読めてきました。「成長」につながることであれば、美食を楽しむ、旅行の計画、資格試験・習い事に挑戦する、ステップアップのための転職活動を始めるといったことも考えられます。

Q 今日のプレゼンを成功させるコツは?

> 今日のプレゼンのために努力し続けてきました。
> うまくいかせるにはどうしたらいいか知りたいです

盛り上がる気持ちを抑え、平常心を保つ

　「水沢節」は「節」の文字がテーマになっている卦なので、ストレートに読み解けば「節度をもったプレゼンをしましょう」という意味になります。プレゼンは積極的に企画を通すためについ熱意が高まりすぎるので、「熱意が度を超さないように気をつけることが大切だ」と解釈できます。また、この卦には「平常」「礼節」という意味もありますから、**「緊張するかもしれませんが平常心を保ちましょう」、「礼儀正しく行いましょう」**というアドバイスにも解釈できます。このほかにも、「節」からは「節約」という言葉が連想されます。このプレゼンでは相手から予算の調整を求められる場面もあるかもしれませんから、「節約」できるところをあらかじめ検討しておくといいでしょう。

60番　水沢節

Q 食事に誘ってくれた A さん、どんな人？
つき合ってもいい？

> 最近知り合った A さんから、お食事のお誘いがありました。少し A さんのことが
> 気になっていますが、どんな人なのか、おつき合いしてもいい相手か知りたいです

14番　火天大有

いい結果にうぬぼれないこと

六十四卦のなかで大吉と言われる「火天大有」が出ました。「2人は運命的な出会い」「相性が良い」「発展につながる関係」と読み解けます。「火天」ですから、惹かれ合うパワーは空高く燃え上がるでしょう。相手は「積極的で好きな人に対して直球勝負なところがあり、欲しいものはすぐに手に入れたい」タイプ。主導権は明らかに相手にあります。出会ったらおつき合いに発展しやすく、スピード婚もあり得るでしょう。

しかし、**易で大吉が出たときは合わせて陰の部分もアドバイスとして参考にする必要があります**。恋のはじめは盛り上がりますが、関係が深まり相手の本質が見えてきたときが要注意。「熱しやすく冷めやすいので短期的な恋愛にならないように」とアドバイスをつけ加えるといいでしょう。

Q お金が貯まらない原因は？

> お給料が入ってきたらすぐに使ってしまいます。周囲の人は貯金したお金を積立投資や
> 運用で増やしているのを見ると焦ります。どうしたら貯金上手になれますか？

要因は自分自身　生活態度を改めて

「腐敗」がテーマの「山風蠱」が出てしまいました。実際のお金は腐りませんから、この場合は質問者のお金の使い方に原因があると捉えましょう。お金を有効に使えていない状態にあり、計画性をもたないと貯金は難しそうです。

土台の崩壊を表す卦であることから、衣食住のどこかに原因があると考えられます。風通しが悪ければものは腐ってしまうことから、環境にも原因があることが読み解けます。「部屋はきれいか？」「財布がくたびれていないか？」などと、問いかけるようにしてアドバイスしましょう。

また、自炊をせず外食ばかりの生活の場合は、食事の見直しも必要です。このままではいけないと、危機感をもつことが必要でしょう。

18番　山風蠱

〈実例2〉 スリーカード

Q 彼の気持ちがわからない

"最近、お互いが忙しくて会っていないのもありますが、彼の気持ちがわからないときがあります。私は結婚したいけれど、彼はどう思っているか知りたいです"

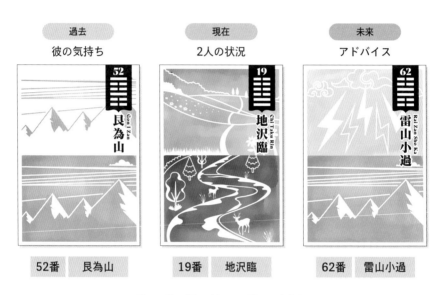

過去	現在	未来
彼の気持ち	2人の状況	アドバイス
52番　艮為山	19番　地沢臨	62番　雷山小過

焦らずに信じ続ける強さが大切

「艮為山」の卦は「山」を表します。最近会えなかったとのことなので、山のように状況が動かず停滞していたことがわかります。山のように頑固でマイペースな彼の性格もうかがえます。これはステップアップのための充電期間でもありますから、「こういう時期もある！」と心を強くもちましょう。

2人の状況を示す「現在」には、願望成就・希望を示す「地沢臨」が出ています。明るい展開を期待できそうです。また「臨」は高いところから眺めるという意味があるので、現状の「山」と「臨」が連動しているようにも読めますね。つま

り、今の充電期間は2人の将来のために必要なことであり、不安を彼に伝えたり、よからぬことを想像して問いつめたりしないほうがいいということです。「未来」に出ている「雷山小過」は、対立せずに控えめにいるといい結果をもたらす卦です。この卦は「結婚が白紙に戻る」可能性もあるので、あなたのほうから結婚について急かさないほうが良さそうです。

「山」が2枚出ていることから、山の特性が強く出ている状況です。誰かに言われて決断するようなことはなく、2人でじっくり考えて結論を出すでしょう。

Q 仕事の上司とそりが合わない

> 上司の段取りが悪く、いつもだらだら残業が続いています。仕事の進め方に
> 共感ができないので毎日苦痛で転職も視野に入れています。でも、好きな仕事なので
> できれば今の会社で長く勤めたいし……。どうしたらいいか知りたいです

原因	結果	対策
上司の気持ち	改善の可能性	アドバイス

25番　天雷无妄	8番　水地比	32番　雷風恒

こじれた問題に正面から向き合って

「原因」は予期しない出来事を表す「天雷无妄」。この卦を上司の性格と見立てると、「せっかちで広い視野がもてず、いつ逆鱗にふれるかわからない」「昨日はこう言ってたのに今日は違うことを言っている」など、一定していないのが原因のよう。ただ、変化の兆しでもあるので、上司の気持ちには多少の希望がもてそうです。おそらく上司も「このままではいけない」と焦っているようにも感じます。

このままいくと「結果」は「水地比」ですから、相反する者同士が協力し合えば改善するかもしれません。今の状況がとても苦痛で、これでは過労になるかもしれないことを真摯に伝えるのもいいでしょう。この卦は「上手に上司・部下をコントロールできない」とも読めるので、お互いの意思疎通も足りていないように感じます。「対策」として「現状維持」をすすめる「雷風恒」が出ていることから、転職よりも今の仕事を続けるといい変化が訪れることを暗示。今は辛抱が必要なのではないでしょうか。

全体的に見れば、変化・変革を表す「雷」が2枚出ていることがポイントです。いつかは変化が起こりますが、うながすために上司との相互理解を深めていく必要があるでしょう。

〈実例3〉 スリーカードの応用①

Q 3ヵ月の運気を見てほしい

" ここ最近、友人を遊びに誘っても断られてしまい、
なかなか楽しいイベントの用事が立てられません。
この3ヵ月の友情運や遊び運を心に留めておきたいです "

1ヵ月め	2ヵ月め	3ヵ月め
9月	10月	11月

| 43番 | 沢天夬 | 13番 | 天火同人 | 22番 | 山火賁 |

明確な数字で未来予測を

時系列を占うときは、事前にいつを占うのか設定しましょう。占ったのが8月の場合は、9月、10月、11月、というふうに翌月から3ヵ月の未来予測を占います。今月の運勢も知りたい場合は、4枚に増やしてもいいでしょう。

「9月」の「沢天夬」は想定外の問題が起こるかもしれないことを表しています。この卦にはネガティブなワードが多いですが、この質問の場合は「静観する」がしっくりきますね。1ヵ月めは自分から誘うよりも、相手からの誘いを待つほうがいいでしょう。「10月」の「天火同人」は仲間や共同を意味するので、2ヵ月めは楽しい

イベントの計画が立てられそうです。多くの友達と関わりをもったほうがいい運気でもあります。「11月」の「山火賁」は「美」を表すことから、3ヵ月めは芸術や美しいものにふれるイベントに友人を誘うといいでしょう。美術館、博物館、展覧会、植物園など、感性を豊かにする場所が適しています。また美しく着飾ることも吉とされているので、ファッションやヘアメイクでイメージチェンジをしたり、ショッピングを楽しみながらおしゃれなカフェに行くと交友関係は広がっていくでしょう。

Q 最近体調がすぐれません…

" 以前より体調を崩しがちになっており、打開策が知りたいです "

現状	原因	対策
体調の状態	潜む問題	アドバイス

4番　山水蒙	41番　山沢損	55番　雷火豊

活動的になると、精神的にも健康に

　人からの健康の相談で気をつけたいのは、薬機法にふれる伝え方をしないよう細心の注意をはらうことです。

　「現状」を示す「山水蒙」からは、「ぼーっとしやすい」というキーワードを強く感じます。また机に向かって学ぶことを指し示す卦でもあるので、「質問者は普段デスクワークが多いのではないか」とも読みとれます。

　「原因」を示す「山沢損」は手放すことで良くなる卦ですから、「身の回りの整理」や「休息をとる」ことをおすすめします。また男女の卦でもあることから、仕事以外のプライベートに原因が潜んでいることも。デスクワークを暗示する「山水蒙」の流れから、腰痛やヘルニアなどの腰の不具合が気になります。やはり、普段から座る時間が長いことで、体調が思わしくないよう。

　「対策」の位置に大吉卦の「雷火豊」がありますが、健康面のアドバイスとしてはさまざまな読み解きができます。女性に出た場合は、婦人科系の定期健診・精密検査に行ってみてください。「実が成る＝命を宿す」部位である子宮に不具合がないか確かめましょう。男性に出た場合は、肥満や食べすぎが原因の可能性が高いので食生活の見直しをすすめます。

　総合的なアドバイスとして、現状と原因に「山」の文字があることから、動きが鈍く止まっている状態が災いしていることも読みとれます。「雷」と「火」という動きが活発な象意があることから、運動や外に出る時間を多くとることで体調にいい変化が出るかもしれません。このように、八卦の象意から解釈してみるのもいいでしょう。

〈実例4〉 スリーカードの応用②

Q 人生全般にメッセージがほしい

"年齢とともに仕事へのモチベーションが変化した。いろいろなことも経験した。今後、自分はどのような在り方をすべきかを知りたいです"

現状	課題	メッセージ
質問者の精神状態	テーマ	易の教え

| 25番 天雷无妄 | 28番 沢風大過 | 34番 雷天大壮 |

悩んだときの指標となってくれる

易の良さは、オラクルカードのように哲学思想をメインに読みとりメッセージや人生訓を受け取ることができるという点です。

「現状」として「天雷无妄」が表すのは、「神様にすべてお任せ!」ということです。神様の判断によって、邪心があれば悪い方向や試練の道に、正しい道や行いをしていれば期待以上の幸福な道に導かれることでしょう。今質問者がどういう気持ちで歩んでいるかを問われている、とも読むことができます。「雷」と「天」があることから、常に思考を巡らせて、変化を好み、新しいことにチャレンジをしたいタイプなのでしょう。

「課題」にある「沢風大過」が表すのは、たくさんのことを抱えプレッシャーが大きくなり、見通しがつかない状況。「今は耐えなさい」とも読めますし、逆に「重く受け止めないほうがいい」とも読めます。「もっとこうしなければ」という思いから間違った判断をしてしまうことも。

そして「雷天大壮」が示す「メッセージ」からは、「運気が高まって陽気に意気込むのはいいですが、いきすぎると猪突猛進に転じて後悔することになる」と読み解けます。直感や勢いを大切にしつつも、感情で突っ走ったり見切り発車をしないよう心がけることが開運のカギとなるでしょう。

Q AとBの株、どちらを買うといい?

" 証券口座を開設したものの、たくさんの株銘柄があって迷っています。厳選した結果、
このAかBのどちらかに継続的な積立投資をしたいと思いますがどうでしょうか? "

質問者の現状や気持ち	選択肢A	選択肢B
投資への姿勢	Aの株	Bの株

20番　風地観	47番　沢水困	42番　風雷益

レベルに合った選択を

　昨今多い相談の1つが、この投資などの資産運用です。スリーカードのアレンジである択一で占ってみましょう。

　「質問者の現状や気持ち」は「風地観」とありますから、「観察」がテーマとなります。どの株を選ぶのか、常に値動きを観察しているのかもしれません。**見識を広げることで何を選択したらいいかが見えてくるようなので、このまま投資の勉強は続けるのがいいでしょう。**

　選択肢Aでは四大難卦の1つである「沢水困」、選択肢Bでは投資や商売が発展し利益を得る「風雷益」が出ました。明らかにBに投資をしたほうが将来的にいい利益を生むと読み解けます。「風雷益」が出ていることから利益がマイナスになることはほぼなく、初心者向けの株だと言えるでしょう。しかし、Aも実は悪くはあ

りません。今は伸びなくても長期的に運用を続けると利益が出るかもしれないのです。「沢水困」は底をついてしまっている状態を表すので、それよりも下には行かないことが読みとれます。「一番安いときに買い、一番高いときに売る」という投資のセオリーに乗るのであれば、ハイリスク・ハイリターンではありますが、上級者ならAを選ぶのも悪くありません。

　最終的に選ぶのは質問者ではありますが、総合的に言えるのは、初心者であればBが良く、上級者で、ある程度貯蓄に余裕があればAに挑戦してみてもいいということです。

　ただし投資には変動リスクがあります。他人を占う際は**「占いですから参考程度にしてくださいね」**と伝え方に気をつけましょう。

他人を占う際のルール

自分だけでなく他人を占ってみることは上達の近道。
とはいえ、他人だからこそ気をつけたいことがあります。

　イーチンタロットは吉凶が明確なので「伝え方」に気をつける必要があります。そもそも卜占はそのときに出た事象を占うものなので、「現状」が優位で未来は不確定。あくまでも現状で出た結果であること、その結果が永久に継続するわけではないので、可能性の1つとして上手に伝えましょう。そして対策も提案して安心してもらうことです。とはいえ、悪い結果が出たときに依頼者の機嫌をとるように結果を伝えるのは良くありません。結果的にうそとなり、カードを信頼していないことにつながるからです。

　また、「価値観」は人それぞれ。よく「不倫・二股・浮気」はタブーとされていますが、相手はその問題で真剣に悩んでいることもあります。また「何歳で結婚すべき」「だからあなたはこうなのよ」と頭ごなしに一般論や常識を押しつけては占いにはなりません。あくまでも中庸＝フラットな状態で伝えるように心がけましょう。

　また頼まれてもいないのに勝手に占ったり、知らない人のことや噂の真偽は占わないように。あくまでも主体は自分、そして依頼者です。一度でも会ったことがある人物のほうが明確に結果が出ます。

第 6 章

知れば知るほど
おもしろい
易の世界

「易」への理解を深めることが、イーチンタロットの解釈や
リーディング力を高めることにつながります。

風水

易は風水と組み合わせることができる！

　易には生きるためのさまざまな知恵がつまっています。ここからはイーチンタロットで占うだけではない易の楽しみ方、生活への取り入れ方をご紹介していきましょう。まずは易と風水の関わりです。

　「天の時、地の利、人の和」
　『孟子』には、このような表現があります。
　天は時空で「時の流れ＝暦」を示し、地は「空間＝環境」を示し、人はこの天と地の理から恵みを授かりながら生命を育んでいます。

　この「地」が風水となるわけです。空間、環境によって私たちは左右されます。天を直接操作することはできませんが、地にある空間を国づくりや街づくり、個々の家に関しては模様替えや改築など創意工夫をすることができます。そして地で起きることは天、つまり目に見えない、つかめない運にも反映します。

　例えば地震雲は、地底深くで起こる地殻変動が天に映し出されたものと言われています。そもそも「雲」の形成には地（海）が必要です。熱された海水が水蒸気となって雲を形成し、その雲が雨や雷、雪を降らせます。それがまた山にたまり、積もれば溶けてまた川や

地脈から流れ、最終的には海にたどり着くのです。

　自然現象はすべてこうした循環で成り立っていることから「風水」が生まれます。古代風水は地形を見る「地理風水」が主流で、のちにお墓を見る「陰宅風水」、そして城や家の形を見る「陽宅風水」にまで発展します。この風水の基本軸にあるのが「易」なのです。東洋思想の宇宙観である「陰と陽」と「八卦」がなければ風水は成り立ちません。

　易（陰陽論・八卦）→五行論→陰陽五行論→風水（地理・陰宅・陽宅）という流れです。

　風水においては五行の相性、つまり相克・相洩（そうえい）のバランスで判定します。また、風水に用いられる道具「風水羅盤」は地盤・人盤・天盤が組み合わさってできています。八卦や干支（かんし）、二十四方位、二十四節気や二十八宿など「天と地と人との情報」がすべてつまっているのです。そのためイーチンタロットで占った結果の対策の1つとして風水も取り入れることができます。

　本来は複雑な判断をするものですが、今回ご紹介する出し方はとてもシンプルです。占った際に引いたカードの「下卦」に出た八卦から、風水対策を練るという方法です。下卦は内卦ともいい、家のことや内側のことを表します。次のページに八卦別の風水アドバイスをまとめているので参考にしてください。

　慣れてきたら、六十四卦に合わせて風水対策を考えてみるのもおもしろいでしょう。環境学では外への働きかけだけでなく、内（家）でどうすごすかが非常に大切だからです。

　風水についてさらに深く知りたい人は地理風水や家相を解説した拙著『いちばんやさしい風水入門』（ナツメ社）、『人生が変わる！住んでイイ家ヤバい家』（日本文芸社）を参考にしてください。

八卦別　風水アドバイス

占った際に出た「下卦」をチェックしてください。

乾（天）　北西

蓄財のパワーをくれる

神聖な場所である北西の方角は金運、特に蓄財に縁があります。大切な通帳や不動産の権利書などは西北の暗くて寒い場所に保管するのが吉です。ラッキーカラーはホワイト、アイボリー、ベージュ、ゴールド。形は円形・球形。素材はキラキラ光るもの、陶器やガラスも◎。

兌（沢）　西

お金を稼ぐ力アップ

西の方角は金運のなかでも発財、つまりお金をまわす運に縁があります。仕事で使う財布やバッグ、パソコンなどを使いやすいように整えるのが吉。ラッキーカラーはパープル、レッド、シルバー、イエロー。形は円形。素材は金属が多く使われているものが良いでしょう。

離（火）　南

女性が注目したい方位

古代より南はもっとも陽気で重んじられ、南から入った陽気が北の陰気に抜けていきます。女性がすごすのに適している方角なのでキッチンがあるとベスト。ラッキーカラーはレッド、ピンク、ボルドー、ブルー。形は三角形や星形。素材はシルクや麻や綿など繊維にこだわると◎。

震（雷）　東

物事の始まりをつかさどる

東は日の出の位置です。出会いや始まりを表し仕事運とも関係が深い方角です。書斎やリビングに適した方角とも言えます。ラッキーカラーはグリーン、レッド、ピンク、オレンジ。形は長方形。素材は木製がおすすめ。特に観葉植物との相性が抜群です。

巽（風）　南東

いい情報をキャッチ

南東からはいい情報が入ってきます。テレビやラジオなど音が鳴るものを設置し、風通しを良くし、すごしやすい空間をつくってください。家族が集まるリビング・ダイニングは吉。ラッキーカラーはグリーン、ネイビー。形は長細い形状。素材は木製がおすすめ。香りに関するものも◎。

坎（水）　北

常に清浄に保ちたい

北は陰気となり部屋のなかでもっとも室温が低い場所です。ホコリや邪気がたまりやすいので清浄に保つこと。水場との相性吉。ラッキーカラーはブラック、ホワイト、ペールブルー、ペールピンク。形は円形やカーブがあるもの。素材はガラスや陶器、大理石や天然石、宝石が吉。

艮（山）　北東

物をためる方位

鬼門とされていますが古代中国ではまったく重視しません。貯蔵や倉庫、クローゼットがあると吉。陰気がたまりやすいので清浄に保ちましょう。ラッキーカラーはホワイト、ブラウン、イエロー、ゴールド。形は三角形や四角形。素材は陶器、大型家具や上質なものと好相性。

坤（地）　南西

愛と美を求めるなら

南西は女性や子どもに相性が良い方角。結婚・妊娠・出産・子育てをしたい人はこの方角で長くすごしましょう。美容健康にも◎。ラッキーカラーはピンク、マゼンタ、ペールグリーン、シャンパンゴールド。形は円形と四角形。素材はガラス、木、プラスティックもおすすめ。

KEYWORD 2

矛盾

他人ではなく"自分"に期待をしよう

　易は人生哲学とも言われていますが、深めていくと心が広く豊かになります。何よりも日常に起こる矛盾をも許せるようになります。

　易は陰陽の二元論から発生します。太陽と月、火と水、男と女、上と下、善と悪など、私たちの日常に起こる対立や矛盾を表します。

　太陽と月のおかげで朝と夜があり、朝だけ、夜だけであればおそらく今の私たちは形成されていません。朝と夜のリズムがあるおかげで自律神経のバランスも整います。

　また私たちの身体の約半分以上を水分が占め、水がなければ生きていけません。そして火があるおかげで獣から身を守ることができ、暖がとれて、加熱し殺菌できるようになったおかげで食も豊かになりました。

　そして男と女がいることで子孫繁栄につながり、家族ができます。

　陽の「—」と陰の「--」は、それぞれ男性器と女性器を表してもいます。地球があっても、この男女のバランスが保たれなければ人口は減っていきます。

　家族ができると社会ができ、そこに上下関係が生まれます。親と子から始まり、王と民、上司と部下、師匠と弟子、長子と末子と、これらの間柄に秩序ができます。易はこうした上下関係を重んじる

時代に生まれています。

　良い行いを続ける人間もいれば悪いことを企む人間もいます。そして私たちのなかには善悪両面が宿っています。いつでも善人にも悪人にもなれるということでしょう。善悪を戒めるために法ができ、裁きが行われます。

　このように、私たちの日常ではさまざまな陰陽物語が繰り広げられていますが、どちらも私たちの生活・生命維持には欠かせないことがわかるでしょう。このように易は占いに用いるだけでなく、生き方の知恵としてその思想を取り入れることもできるのです。

　また易は「相互関係」の在り方についても説いています。社会との距離感、人との距離感など、このバランスを崩すと悩みが増えていきます。私たちは１人では生きていけませんから、孤立するのではなく互いに共鳴し合う必要があります。

　人間関係をより良くしていくことで悩みが軽減され、互いに助け合い関係性を深めていくことが理想ですが、価値観はそれぞれ違うもの。そのため易で言う「矛盾」を前提につき合うことが大切です。
　相手に自分と同じ価値観を期待するということは、相手に何かを依存する・押しつけることにつながります。「思い通りにはいかないのが常」と説いている易の真意に気づくためには、自分自身をまずは整える。そして**自分自身にこそ期待をする**必要があるということです。
　ここに気づけば人生がもっと楽になるかもしれません。

KEYWORD

3

中庸

吉凶両方を経験してこそわかるもの

　「中庸」とは、相反する陰陽が重なり合って調和が生まれる原理です。陰は陽を生じ、陽にも陰が生じているため、陰陽図には互いに目のような部分、少陰・少陽があります。対立し、矛盾したなかに変化・発展があるということです。つまり、中庸を体感するには、吉凶の両方を経験する必要があります。そこまでしてやっと「**ちょうど良い**」がわかるのです。

　自分にとっての「ちょうど良い」は「居心地がいい状態」と考えても良いでしょう。地球にとってちょうど良い、人にとってちょうど良い、皆それぞれのちょうど良いを見つけるには、相反するものを両面得ることが欠かせません。

　太陽がなければ月もないし地球もない、天と地がなければ住めない、男と女がいなければ子孫は繁栄しない、上と下がなければ秩序が生まれない、というように相反するものはともに感応し合わなければいけません。

　相反するものが感応するためには、互いの歩みよりが必要になりきます。善と悪もまた互いの正義をふりかざしているだけで、そこに良い悪いはなく、結果や見返りを求めてしまうことで過剰な摩擦

が生まれます。しかし、切磋琢磨という言葉があるように、相反するもの同士がぶつかることで新しい発見や学びが生まれていくとも言えます。それによって、ちょうどいい塩梅に気づかされていきます。

しかし、中間もまたバランスが良いと見るか、優柔不断と見るか、迷いや停止と見るか、**ここにもやはり吉凶の両面**が宿っています。

私たちは絶えずこれらを繰り返し、進化に向かって切磋琢磨していくのでしょう。

そして易という文字には「簡易・変易・不易」という3つの意味があります。

簡易	「簡単」。単純で手軽、簡単で容易い（たやす）という意味。
変易	「変化」。宇宙万物は常に変化し続けているという意味。
不易	「不変」。いつまでも変わらない本質を大切にという意味。

陰と陽は非常に単純なもので、交わって新たな命や世界が生まれることを意味します。変わるもの（変易）、変わらないもの（不易）、この2つは「簡易」な法則で成り立っているということです。

「変化」は「進化」につながる。私は強くこう感じています。変化しないことは退化することですから、いずれ消滅していきます。生きているうちは変化を恐れないこと。いろいろな人生模様があっても最終的には進化しているということを易を通じて感じていきましょう。

KEYWORD

4

「占う」ということ

原点を知ることで姿勢が変わる

　占いの発祥や起源を知ることで、本来の占いの在り方を学ぶことができます。現在は生年月日などを用いた個人の運命を占うものが多いですが、古代は自然物・動物を用いて政治や農耕などを占うのが主でした。東洋と西洋、それぞれに発祥があります。

東洋	紀元前11世紀頃の中国殷の時代・ 竜山文化期紀元前20世紀頃が近年の出土によって判明 →亀卜・骨卜
西洋	紀元前4世紀頃のギリシャ→臓卜

　おもしろいのは、東洋も西洋もどちらも動物を扱うことです。亀卜・骨卜は、亀の甲羅や鹿の骨を焼き、そのときに現れた割れ目の形で吉凶を占っていました。ギリシャの臓卜は動物の内臓（主に肝臓）を使ってその形から神々の兆しを読みとろうとしていました。どちらも当時は特権階級の専門家のみが祭祀を行えました。「太兆」「布斗麻邇」とも言われ、日本神話でも登場します。古代より動物には霊力が宿ると考えられており、生贄として捧げることでご神託を授かろうとしていたわけです。

　元来の占いは生きた動物の骨や臓器を使い吉凶を見ていたわけですから現代の私たちとは覚悟が違います。神聖な儀式であることから、占いを扱う専門家は潔斎＝心身を浄めることが必須でした。日本では神祇官の卜部や巫女が祭祀や占いに携わっていました。易は「筮竹」を用いて占いをしますが、この「筮」は竹と巫女の巫が合わさっています。巫女が神を呼び、神をいつかせ、竹の棒に神の言葉を宣らせる、これが易の占い方の原点。特に殷の時代、この巫女は絶大な力をもっていたとされています。巫女は占いをするだけでなく、自身を依代にして神をいつかせることから、神聖な贄としても扱われることになっていきます。

　「神人合一」とはまさにこのことを表し、占いはシャーマニズムとも縁があります。亀の甲羅や鹿の骨は神具に見えますが、だんだん単なる占い道具へと変化し、現代ではサイコロやカードを使ってゲーム感覚で占いをすることが多くなりました。安価で手に入る時代になりましたが、少なくともそれによって運命を変えてしまうかもしれない偉大さが宿っていることを理解する必要があります。

KEYWORD

5

吉と凶

両方をとってはじめて道が見えてくる

　人間には煩悩があり、私たちは欲に沿って生きています。そうして願望実現のために四苦八苦するわけですが、易では**「陽をつかむには陰をつかむことが大切」**と考えます。吉ばかりとっていてはだめで、その吉と同等の凶も受けなければいけません。その２つを経験したうえで相殺することが中庸につながり、願いが叶いやすくなるのです。何事も楽をして手に入ることはありませんから、その願いのためにどうしたらいいか、現実的に手段を検討します。

　そこで私たちは「神様に祈ろう」ともします。個人の力ではどうにもできない事態が起きたときは祈祷や祈願をするわけです。「最後は神頼み」というところでしょうか。

　古代は天変地異に対する占いが主でしたが、昨今は個人の願いを叶えるために占いを用います。つまり「神の道」を占うことと「人の道」を占うことの二つがあるのです。

　これを易思想に当てはめるとおもしろい考察ができます。私たちの信仰には以下のような大きな流れがあります。

自然崇拝（アニミズム）	太陽や海など人間がつくりだせない自然物や動物を神とする信仰
人神崇拝・祖霊崇拝	偉人や先祖など人間を神とする信仰

　宇宙ができて、太陽ができて、地球ができて、生命体ができます。植物や微生物や動物たちが先に生まれます。自分たちよりも先にできたものは神の創造物であり、私たちにはあらがえないパワーをもつものとしてきました。のちに先祖たちが祖霊として崇拝され神となり、偉人が神として祀られ人神崇拝が生まれます。仏教が生まれると仏の道ができ、私たちが極楽浄土に行くには現世での修行が必要だと説かれ、修行が足りないと死後は地獄に行くと言われます。そもそも天国か地獄かという二元論の思想も易と重なります。

　芥川龍之介の『蜘蛛の糸』に出てくるお釈迦様とカンダタの物語を知っていますか？　地獄で苦しんでいたカンダタが、お釈迦様が垂らした一本の蜘蛛の糸をたどって天国を目指すのですが、煩悩が断ち切れず、結局は行けませんでした。しかし「カンダタにとって天国は本当に天国だったのか？」という視点が大切です。

　地獄を天国のように感じる人もいれば、天国を地獄に感じる人もいます。悩んでいるほうがやる気が出る人もいれば、悩みがないほうが不安という人もいます。つまり、どちらの道も**私たちがどうありたいかで天国にも地獄にも見える**のです。

　易を深めていくと、どう生きることが自分にとって最良かが見えてきます。私たちが神になろうとする欲求は、根底に神に許されたいという願いがあるからではないかとも思います。しかし、肉体をもつ限り、まずは人の道を全うすることが神なる近道でしょう。

6

答えはない

成否はなく、すべては"バランス"である

　人生を歩んでいくと何が正解で間違いか、すぐにはわからないことも多いものです。易の六十四卦の物語も、吉凶はあっても最終的には答えがありません。しかし**「答えがない＝選択によって答えがさまざまである」**とも言えます。

　そして、後から俯瞰して見つめることで「こういうことだったのか！」と発見することができます。後悔しても未来に進まなければいけません。正解か間違いかのジャッジにとらわれ続けていると成長が止まってしまいます。占いも正解か不正解かを問われますが、最終的には「当たるも八卦、当たらぬも八卦」が、易や占いの根源にあることを忘れないようにしましょう。

　「正しいものは間違っているかもしれないし、間違っているものは正しいかもしれない」ということです。

　つまり、何が正しいか・間違っているかを問うことに意識を奪われるよりも「そういうものだ」と思って前に進むことが大切です。

　占いで出た答えがすべてではありません。卜術はそのときに出た事象を占うので、数ヵ月後に状況が変化すれば、占いの結果も変化するものです。常に一定していないのが卜術ですから「絶対」ではなく「可能性」として捉えましょう。

人生には答えがありません。

占いに正解・不正解がないように、易がもっとも伝えようとしていることはこれに尽きると私は感じています。目標があってもゴールはない。肉体としての死をゴールとするのか、「人生楽しかった！」という充実をゴールにするのか、どこがスタートで、どこかゴールかさえも易の変化に重ねたら、起点も終点も見つからないのです。

このように人生は山あり谷ありが常です。「人事を尽くしてのち天命を占う」、占いとはいろいろとやり尽くしたうえで最終的にゆだねるもの。占いが物事の先にあってはならないでしょう。

こうした易の原理や思想を身につければ人生が楽になり、悩みが軽減します。易は魂を救済することにもつながります。「吉を知って凶を補う、凶を学んで吉に活かす、吉をとって凶が増える、凶をとって吉が増える」これが私の考える易です。どこにも偏らずにできるだけバランス良く得ていくことが易の精神なのでしょう。

さて、ここまで読んでくださったあなたは、本書でいくつ「矛盾」を感じましたか？　この矛盾を楽しんでいただくためにも、それを解くためにも巻末のトレーニングイーチンタロットを切り取り、まずは占ってみましょう。

最後に、私が易を学ぶ始めたきっかけは学生時代に古書で手に入れた中国哲学者の本田済先生の本でした。当時の私は受け入れがたい運命に翻弄されていましたが、たくさんの良書に救われました。本書もまた、ユーラシア大陸のように広大な易の道の一助を担っていけたらうれしいです。

あ と が き

　本書を読んで、あなたは易にどんな印象を抱きましたか？ 宇宙なのか、人生なのか、哲学や道なのか、それぞれが今いるステージで見えてくる景色は違うと思います。これも自由であり、正解・不正解はありません。私たちが平等に課せられていることは、仕事をして、報酬を得て、生活を整えて、生きることで尽きない煩悩を解消するために苦楽を積み重ねていくことです。先がどうなるかわからない「不安」は常にあります。しかし、この世にある目に見える物もお金も、家も土地もあの世にはもっていけません。ここまで考えを巡らせると「生きる意味とは何か」にたどり着きます。

　皆、生きるためには何かしらの「こだわり」をもっています。もしかしたら、この「こだわり」をほどくために、易が役に立つのかもしれません。

　考えが固まって前に進めないとき、未来に漠然とした不安があるとき、人生の選択をせまられたとき、占いは背中を押してほしいときに利用することが多いものです。東洋人にとって身近な思想でありシンボルでもあるイーチンタロットを、人生をより良くしていくためのヒントとして取り入れてくださるとうれしいです。

愛新覚羅ゆうはん

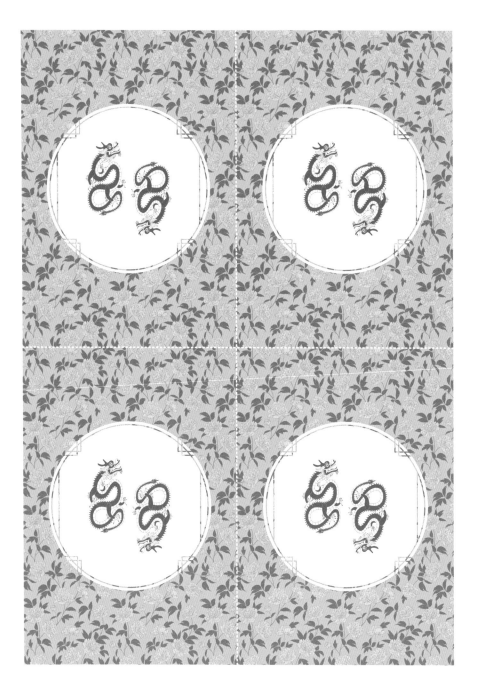

5
Sui Ten Ju
水天需

6
Ten Sui Sho
天水訟

7
Chi Sui Shi
地水師

8
Sui Chi Hi
水地比

21
火雷噬嗑
Ka Rai Zei Go

22
山火賁
San Ka Hi

23
山地剥
San Chi Haku

24
地雷復
Chi Rai Fuku

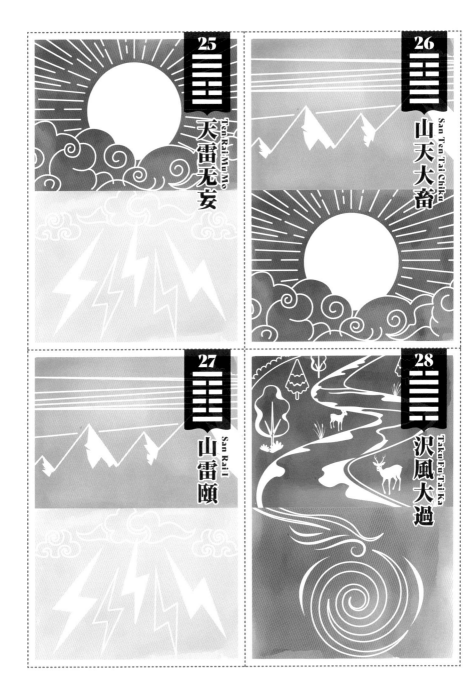

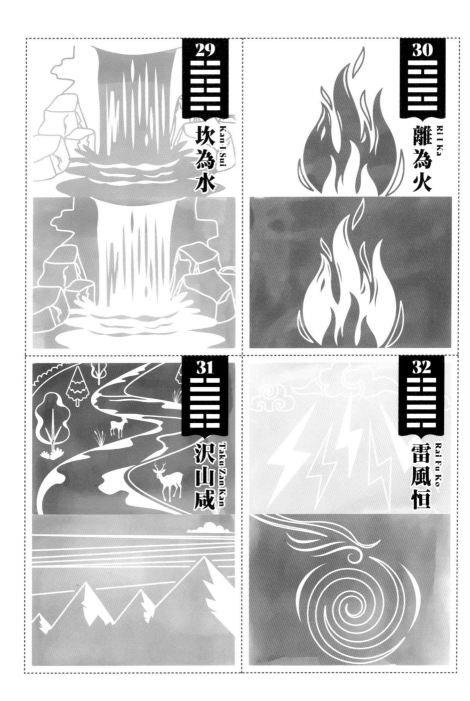

37

Fu Ka Ka Jin

風火家人

38

Ka Taku Kei

火沢睽

39

Sui Zan Ken

水山蹇

40

Rai Sui Kai

雷水解

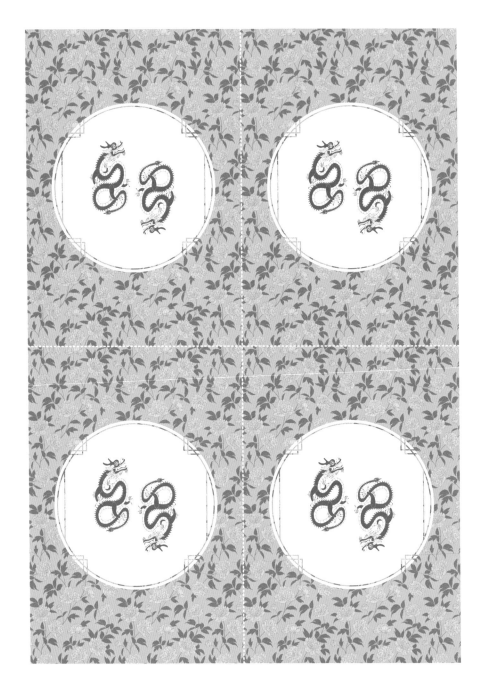

41 山沢損 San Taku Son

42 風雷益 Fu Rai Eki

43 沢天夬 Taku Ten Kai

44 天風姤 Ten Pu Ko

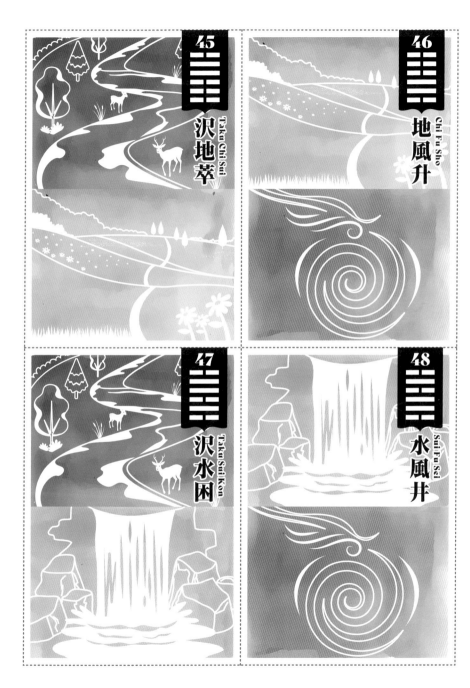

53 風山漸 Fu Zan Zen

54 雷沢帰妹 Rai Taku Ki Mai

55 雷火豊 Rai Ka Ho

56 火山旅 Ka Zan Ryo

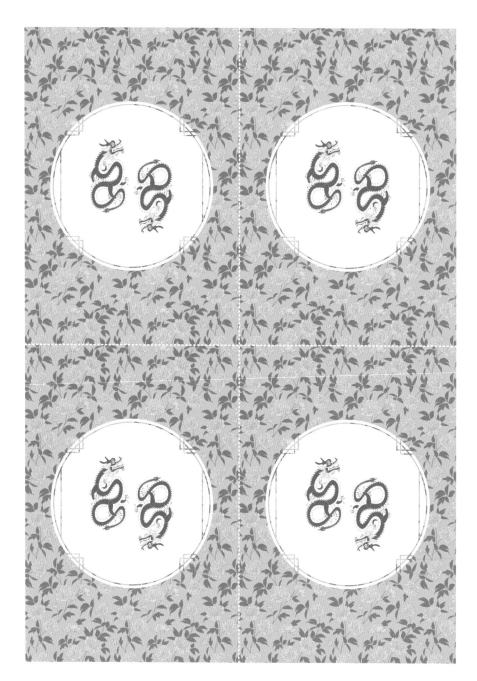

57 巽為風 Son I Fu

58 兌為沢 Da I Taku

59 風水渙 Fu Sui Kan

60 水沢節 Sui Taku Setsu

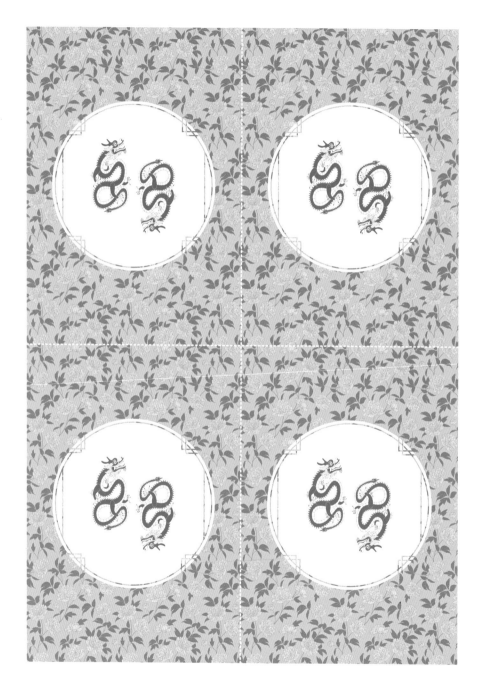

61

Fu Taku Chu Fu

風沢中孚

62

Rai Zan Sho Ka

雷山小過

63

Sui Ka Ki Sei

水火既済

64

Ka Sui Bi Sei

火水未済

愛新覚羅ゆうはん
（あいしんかくら・ゆうはん）

作家・デザイナー・
開運ライフスタイルアドバイザー（占い・風水）

中国黒龍江省ハルビン市生まれ。映画『ラスト・エンペラー』で知られる清朝の皇帝・愛新覚羅一族の流れをくむ。5歳のときに来日し、幼少期から備わっていた透視能力に加え、タロットや占星術なども活かして別名で占い・風水師として活動。当初鑑定していた医療・教育関係者の間で話題となり、15年で延べ 20,000 人以上を鑑定（2019 年時点）。「人と運」の関係性を独自に研究しながら、中小企業向けの講演会や暦を活かしたセミナーや神社アテンドのイベントは全国で満員が相次ぐ。2020 年より陶器上絵付け作家として国立新美術館で作品展示をするなど、多岐にわたって活動している。
著書に『いちばんやさしい風水入門』（ナツメ社）、『眠れなくなるほど面白い図解 ヤバい風水』（日本文芸社）、『腸開運』（飛鳥新社）、『神さま・仏さまとのご縁のつなぎ方』（ブティック社）などがある。累計発行部数 14 冊 20 万部超（2023 年時点）。

愛新覚羅ゆうはんの公式ホームページ
http://aishinkakura-yuhan.com/
愛新覚羅ゆうはんの開運オンラインショップ
http://yuhan.shop-pro.jp/

愛新覚羅ゆうはんの
公式サイト・お得な情報はこちら

https://lit.link/aishinkakurayuhan

アートディレクション	江原レン（mashroom design）
デザイン	森紗登美（mashroom design）
カードデザイン	和田剛／小川秀隆（steamboat）
イラスト	やがわまき
DTP	株式会社スパロウ
校正	有限会社玄冬書林
編集協力	株式会社説話社

一番わかりやすい

はじめてのイーチンタロット

2023年12月1日 第1刷発行

著　者	愛新覚羅ゆうはん
発行者	吉田芳史
印刷所	株式会社文化カラー印刷
製本所	大口製本印刷株式会社
発行所	株式会社日本文芸社
	〒100-0003 東京都千代田区一ツ橋 1-1-1
	パレスサイドビル 8F
	TEL 03-5224-6460（代表）

Printed in Japan 112231122-112231122Ⓝ01 (310097)
ISBN978-4-537-22163-3
URL : https://www.nihonbungeisha.co.jp/
©Aishinkakura Yuhan 2023
（編集担当：菊原）